Kurzgeschichten auf Dänisch

Dänisch und Deutsch Nebeneinander

Vorwort

Willkommen zu diesem besonderen Buch mit Kurzgeschichten. In diesem Band finden Sie eine Sammlung von Geschichten, die sowohl auf Deutsch als auch auf Dänisch geschrieben sind. Auf jeder linken Seite finden Sie die Geschichte auf Deutsch, während die rechte Seite die Dänische Version der Geschichte enthält.

Dieses einzigartige Konzept wurde entwickelt, um Lesern beider Sprachen ein fesselndes Leseerlebnis zu bieten und gleichzeitig die Möglichkeit zu geben, ihre Sprachkenntnisse in Deutsch oder Dänisch zu verbessern. Ob Sie nun ein Muttersprachler einer dieser Sprachen sind oder ein begeisterter Sprachlernender, dieses Buch bietet Ihnen eine ausgezeichnete Gelegenheit, in die reiche Geschichtenwelt einzutauchen, die diese beiden Sprachen zu bieten haben.

Die Kurzgeschichten in diesem Band wurden sorgfältig ausgewählt, um eine breite Palette von Themen und Stilen zu bieten, damit jeder Leser etwas Interessantes und Spannendes finden kann. Von humorvollen Anekdoten bis hin zu berührenden Geschichten über Liebe, Freundschaft und Abenteuer wird diese Sammlung Sie sicherlich unterhalten und inspirieren.

Wir hoffen, dass Sie beim Lesen dieser Geschichten viel Freude haben werden und dass sie Sie dazu ermutigen, Ihre Entdeckungsreise in die Welt der deutschen und Dänischen Sprachen fortzusetzen. Tauchen Sie ein in diese faszinierenden Geschichten und lassen Sie Ihrer Vorstellungskraft freien Lauf, während Sie Ihre Sprachkenntnisse verbessern und Ihren Horizont erweitern.

Viel Spaß beim Lesen!

Dänischer Aussprachеführer

a: ähnlich dem deutschen 'a', aber etwas kürzer. Beispiel: "kat" (Katze)

e: zwischen dem deutschen 'e' und 'ä'. Beispiel: "red" (Rettung)

i: ähnlich dem deutschen 'i' in "Mitte". Beispiel: "fisk" (Fisch)

o: ähnlich dem deutschen 'o' in "Sonne". Beispiel: "ost" (Käse)

u: ähnlich dem deutschen 'u' in "gut". Beispiel: "hus" (Haus)

y: ähnlich dem deutschen 'ü'. Beispiel: "sy" (nähen)

æ: Mischung aus 'a' und 'e', ähnlich dem deutschen 'ä'. Beispiel: "læse" (lesen)

ø: Zwischen 'ö' und 'eu' im Deutschen. Beispiel: "ør" (Ohr)

å: ähnlich dem deutschen 'o' in "Korn". Beispiel: "rå" (roh)

b: wie das deutsche 'b'. Beispiel: "bog" (Buch)

d: weicher als das deutsche 'd', oft fast stumm am Wortende. Beispiel: "mad" (Essen)

g: vorne im Mund ausgesprochen, kann in manchen Fällen stumm sein. Beispiel: "god" (gut)

h: wie das deutsche 'h'. Beispiel: "hus" (Haus)

j: ähnlich dem deutschen 'j'. Beispiel: "ja" (ja)

k: wie das deutsche 'k'. Beispiel: "kat" (Katze)

l: wie das deutsche 'l', aber manchmal mit einem Hauch von 'd' am Wortende. Beispiel: "sol" (Sonne)

m: wie das deutsche 'm'. Beispiel: "mand" (Mann)

n: wie das deutsche 'n'. Beispiel: "næse" (Nase)

p: wie das deutsche 'p'. Beispiel: "pen" (Kugelschreiber)

r: gerollt und hinten im Hals ausgesprochen. Beispiel: "rød" (rot)

s: wie das deutsche 's'. Beispiel: "sol" (Sonne)

t: weicher als das deutsche 't', oft fast stumm am Wortende. Beispiel: "kat" (Katze)

v: wie das deutsche 'w'. Beispiel: "vand" (Wasser)

Stød: Ein kurzer, abrupter Ton, der in einigen Wörtern vorkommt. Beispiel: "hund" ([hʌnˀd], Hund) vs. "hun" ([hun], sie)

Inhaltsverzeichnis

Ein neuer Freund

Yasins Familie ist aus dem Irak nach England gezogen, um Sicherheit und Akzeptanz zu finden. In London hat Yasin seinen Nachbarn Andrew kennengelernt und sie wurden gute Freunde.

Yasins Englisch verbesserte sich, aber er war nervös wegen der Schule. Am ersten Tag begleitete Andrew ihn und gab ihm Mut. In der Schule wurde Yasin ein wenig gehänselt, aber Andrew verteidigte ihn und betonte die Wichtigkeit von Unterschieden.

Die Kinder begannen Yasin zu akzeptieren und ihn in Aktivitäten einzubeziehen. Yasins Selbstvertrauen wuchs und seine Freundschaft mit Andrew blühte auf. Sie lernten voneinander und ihre Bindung verkörperte den Wert von vielfältigen Freundschaften.

Dankbar für sein neues Leben und die Freundschaft mit Andrew schätzte Yasin die Möglichkeiten und persönliches Wachstum, die er in England erfahren hatte.

En Ny Ven

Yasins familie flyttede fra Irak til England for sikkerhed og accept. I London blev Yasin ven med sin nabo, Andrew, og de blev rigtig gode venner.

Yasins engelsk blev bedre, men han var nervøs for skolen. Andrew gik med ham på den første dag og tilbød tryghed. I skolen blev Yasin drillet, men Andrew forsvarede ham og understregede vigtigheden af forskelligheder.

Børnene begyndte at acceptere Yasin og inkludere ham i aktiviteter. Yasins selvtillid voksede, og hans venskab med Andrew blomstrede. De lærte fra hinandens baggrunde, og deres bånd eksemplificerede værdien af mangfoldige venskaber.

Taknemmelig for sit nye liv og venskab med Andrew, værdsatte Yasin de muligheder og personlige vækst, han oplevede i England.

Ein neues Abenteuer

Sam saß am Flughafen und wartete auf seinen Koffer. Er war müde und fror, und er vermisste das warme Wetter seiner Heimat in Indien. Seine Familie war nach Paris gezogen, weil sein Vater dort einen Job bekommen hatte. Sam fühlte sich traurig, seine Freunde zurücklassen zu müssen.

Am Flughafen starrte ein Junge auf Sams Turban, was ihn unbehaglich machte. Schnell schnappte er sich einen Koffer, der wie seiner aussah, und ging weg. Als sie zu ihrem neuen Zuhause fuhren, bemerkte Sam, wie anders Paris im Vergleich zu seiner Heimat war. Sein Vater ermutigte ihn, sich auf die neuen Erfahrungen zu freuen.

An seinem ersten Schultag fühlte sich Sam nervös, weil er kein Französisch verstand und niemand einen Turban trug. Sein Vater beruhigte ihn und sie gingen hinein. Sam sah den Jungen vom Flughafen weinend im Flur stehen. Der Junge, Pierre, erklärte, dass er seinen Koffer verloren hatte, der voller Souvenirs von seiner Reise nach Indien war.

Sam erkannte, dass er versehentlich Pierres Koffer genommen hatte. Die Jungen wurden Freunde, und Pierre half Sam, sich an seiner neuen Schule zurechtzufinden. Sam lernte über den Eiffelturm und hielt sogar eine Präsentation über Indien mit Pierre.

Am Ende entdeckte Sam, dass Mut, Verständnis und ein offener Geist ihm geholfen hatten, sich an sein neues Leben in Paris anzupassen.

En ny eventyr

Sam sad i lufthavnen og ventede på sin kuffert. Han var træt og kold og savnede det varme vejr fra sin hjemby i Indien. Hans familie flyttede til Paris, fordi hans far fik et job der. Sam var ked af at forlade sine venner.

På lufthavnen stirrede en dreng på Sams turban, og det gjorde ham ubehagelig til mode. Han greb hurtigt en kuffert, der så ud som hans egen, og forlod stedet. Mens de kørte til deres nye hjem, bemærkede Sam, hvor anderledes Paris var i forhold til hans hjemby. Hans far opmuntrede ham til at være spændt på de nye oplevelser, der ventede.

På sin første dag i skolen følte Sam sig nervøs, fordi han ikke forstod fransk, og ingen bar turban. Hans far beroligede ham, og de gik indenfor. Sam opdagede den samme dreng fra lufthavnen græde i gangen. Drengen, Pierre, forklarede, at han havde mistet sin kuffert fyldt med souvenirs fra sin rejse til Indien.

Sam opdagede, at han havde taget Pierres kuffert ved en fejltagelse. Drengene blev venner, og Pierre hjalp Sam med at tilpasse sig til hans nye skole. Sam lærte om Eiffeltårnet og gav endda en præsentation om Indien sammen med Pierre.

Til sidst opdagede Sam, at mod, forståelse og en åben sindsholdning hjalp ham med at tilpasse sig sit nye liv i Paris.

Ein neues Zuhause

Tim, der junge Bengal-Tiger, fror im Winter und vermisste die Wärme seines indischen Zuhauses. Er versuchte, sich an sein altes Zuhause zu erinnern, aber es fiel ihm schwer, was ihn noch trauriger machte.

Eines Tages bemerkte Lila, die Pantherin, Tim, als er versuchte, sich an sein altes Leben zu erinnern. Lila fragte Tim, was er tat, und er erklärte, dass er versuchte, sich daran zu erinnern, ein Bengal-Tiger zu sein.

Lila schlug vor, dass Tim sein Spiegelbild im Eis betrachtet. Sie sagte, dass ihre Flecken sie an ihre afrikanischen Wurzeln erinnerten. Tim bemerkte, dass Lila's Augen aufhellten, als sie sich an ihr Zuhause erinnerte. Lila sagte Tim, dass obwohl sie aus verschiedenen Orten stammten, sie Gemeinsamkeiten wie ihre Schnurrhaare und scharfen Krallen hatten.

Tim fragte sich, ob auch andere Tiere, wie Elefanten und Zebras, ihr Zuhause vermissten. Lila versicherte ihm, dass jedes Tier im Zoo manchmal Heimweh hatte, aber dass alle einzigartige Merkmale hatten, die sie an ihre Herkunft erinnerten.

Tim begann sich besser zu fühlen, als ihm bewusst wurde, dass er immer seine Streifen haben würde, die ihn an sein Bengal-Zuhause erinnern würden. Als die Nacht hereinbrach, verstand Tim, dass alle Tiere zwar unterschiedlich waren, aber ähnliche Gefühle teilten und er wusste, dass er niemals allein sein würde.

Et nyt hjem

Tim, den unge bengalske tiger, følte sig kold om vinteren og savnede varmen fra sit indiske hjem. Han prøvede at huske sit gamle hjem, men havde svært ved det, hvilket gjorde ham endnu mere trist.

En dag, mens Tim prøvede at huske sit gamle liv, bemærkede Lila panteren ham. Lila spurgte Tim, hvad han lavede, og han forklarede, at han prøvede at huske at være en bengalsk tiger.

Lila foreslog, at Tim kiggede på sit spejlbillede i isen. Hun sagde, at hendes pletter mindede hende om hendes afrikanske arv. Tim bemærkede, hvordan Lilas øjne lyste op, da hun mindedes sit hjem. Lila fortalte Tim, at selvom de kom fra forskellige steder, havde de ligheder såsom deres knurhår og skarpe kløer.

Tim tænkte på, om andre dyr som elefanter og zebraer også savnede deres hjem. Lila forsikrede ham om, at alle dyr i zoologisk have følte hjemve nogle gange, men de havde alle unikke træk, der mindede dem om deres oprindelse.

Tim begyndte at føle sig bedre tilpas og indså, at han altid ville have sine striber til at minde ham om sit bengalske hjem. Da natten faldt på, forstod Tim, at alle dyr var forskellige, men delte lignende følelser, og han vidste, at han aldrig ville være alene.

Ein Haus aus Süßigkeiten

Einmal lebte ein armer Mann mit seinen beiden Kindern Tom und Sally in einer kleinen Stadt. Sie hatten sehr wenig zu essen. Seine Frau sagte ihm, er solle die Kinder im Wald lassen, damit sie mehr zu essen hätten.

Tom hörte es und sammelte glänzende Steine. Als sie im Wald zurückgelassen wurden, ließ Tom die Steine fallen, um ihren Weg zurückzufinden. Als sie zurückkamen, war die Frau wütend. Sie zwang den Mann, die Kinder wieder in den Wald zu bringen.

Dieses Mal ließ Tom Brotkrumen fallen. Leider fraßen Vögel die Krümel und die Kinder verirrten sich. Sie fanden ein Haus aus Süßigkeiten und begannen es zu essen. Eine alte Frau lud sie ein, aber sie war eine Hexe, die die Kinder essen wollte.

Die Hexe fütterte die Kinder mit viel Essen, um sie zu mästen. Tom täuschte sie, indem er ihr einen Hühnerknochen gab, damit sie dachte, es sei sein Finger. Die Hexe wurde ungeduldig und versuchte, Tom zu kochen. Sally stieß die Hexe in den Ofen und verriegelte ihn.

Sally fand Gold im Haus und befreite Tom. Sie füllten ihre Taschen mit Gold und gingen nach Hause. Sie fanden ihren Vater und die Stiefmutter war verschwunden. Tom und Sally waren nie wieder arm oder hungrig.

Et hus lavet af slik

Engang boede en fattig mand i en lille by med sine to børn, Tom og Sally. De havde meget lidt mad. Hans kone fortalte ham at efterlade børnene i skoven, så de ville have mere at spise.

Tom overhørte det og samlede på skinnende sten. Da de blev efterladt i skoven, tabte Tom stenene for at finde vej tilbage. Da de vendte tilbage, var konen rasende. Hun tvang manden til at tage børnene tilbage i skoven.

Denne gang tabte Tom brødkrummer. Desværre spiste fuglene krummerne, og børnene blev væk. De fandt et hus lavet af slik og begyndte at spise det. En gammel kvinde inviterede dem ind, men hun var en heks, der ønskede at spise børnene.

Heksen fodrede børnene med masser af mad for at gøre dem fede. Tom narrede hende ved at give hende en kyllingeben til at føle i stedet for hans finger. Heksen blev træt af at vente og forsøgte at koge Tom. Sally skubbede heksen ind i ovnen og låste den.

Sally fandt guld i huset og befriede Tom. De fyldte deres lommer med guld og tog hjem. De fandt deres far, og stemoren var væk. Tom og Sally var aldrig fattige eller sultne igen.

Wie die Schildkröte ihre seltsame Schale bekam

In einem von Hunger geplagten Land gab es einmal eine listige Schildkröte namens Tim und einen gesunden Hasen namens Rob. Tim war neugierig, wie Rob so gesund aussah, also gab er vor traurig zu sein und gewann Robs Mitgefühl. Rob stimmte zu, Tim zu helfen, und bat ihn, sich nach Einbruch der Dunkelheit an einem Bach zu treffen.

Nachts gingen sie zu einer Lichtung im Wald, wo Rob ein Lied sang und ein Seil vom Himmel herunterkam. Sie kletterten das Seil hoch und fanden eine Wolke mit einer Tür. Hinter der Tür war Robs Mutter, die einen Tisch voller köstlicher Speisen hatte. Tim aß, bis er sehr voll war, und sie kehrten nach Hause zurück.

Am nächsten Tag war Tim wieder hungrig und beschloss, Robs Mutter zu besuchen, ohne dass Rob es wusste. Er sang das gleiche Lied und begann das Seil hochzuklettern. Rob sah ihn und bat seine Mutter, das Seil abzuschneiden. Als sie es schnitt, fiel Tim auf einen Felsen und seine Schale zerbrach in viele Teile, die nie wieder glatt werden würden.

Hvordan Skildpadden Fik Sin Underlige Skal

Engang i et land ramt af hungersnød, var der en snedig skildpadde ved navn Tim og en sund kanin ved navn Rob. Tim var nysgerrig efter, hvordan Rob så så sund ud, så han lod som om han var trist og fik Robs medlidenhed. Rob sagde ja til at hjælpe Tim og bad ham om at møde ham ved en bæk efter mørkets frembrud.

Om natten tog de til en lysning i skoven, hvor Rob sang en sang, og et reb kom ned fra himlen. De klatrede op ad rebet og fandt en sky med en dør. Bag døren var Robs mor, der havde et bord fuldt af lækker mad. Tim spiste, indtil han var meget mæt, og de vendte tilbage hjem.

Næste dag var Tim sulten igen og besluttede at besøge Robs mor uden at Rob vidste det. Han sang den samme sang og begyndte at klatre op ad rebet. Rob så ham og bad sin mor om at skære rebet over. Mens hun skar, faldt Tim ned på en sten og knuste sin skal i mange stykker, og den ville aldrig være glat igen.

Der Bauer und das Pferd

Es war einmal ein glücklicher Bauer namens Ben. Er arbeitete mit seinem einzigen Pferd Gilly von früh bis spät. Sie hatten genug zu essen und verkauften Gemüse auf dem Markt der Stadt.

Eines Jahres gab es keinen Regen, und die Ernte wollte nicht wachsen. Ben hatte kein Geld, um Essen zu kaufen, also verkaufte er alles in seinem Haus für Nahrung. Er wartete darauf, dass es wieder anfängt zu regnen, um wieder zu säen.

Monate vergingen ohne Regen, und Ben und Gilly waren sehr hungrig. Schließlich dachte Ben, dass er Gilly essen müsste. Als er Gillys traurige Augen sah, fühlte er sich schuldig und entschuldigte sich. Gilly verzieh ihm.

Plötzlich begann es zu regnen, und die Ernte wuchs wieder. Ben und Gilly arbeiteten hart, ernteten mehr als je zuvor und verkauften sie in der Stadt. Sie hatten genug Geld, um Essen zu kaufen, und waren nicht mehr hungrig. Ben versprach, niemals wieder Pferdefleisch zu essen, denn Gilly war sein Freund.

Bondemanden og Hesten

Engang var der en glad bonde ved navn Ben. Han arbejdede med sin eneste hest, Gilly, fra morgen til aften. De havde nok at spise og solgte nogle grøntsager på byens marked.

Et år var der ingen regn, og afgrøderne voksede ikke. Ben havde ingen penge til at købe mad, så han solgte alt i sit hus for at få mad. Han ventede på regn for at kunne begynde at dyrke igen.

Måneder gik uden regn, og Ben og Gilly var meget sultne. Pludselig tænkte Ben på, at han måtte spise Gilly. Men da han så Gillys triste øjne, følte han sig skyldig og undskyldte. Gilly tilgav ham.

Pludselig begyndte det at regne, og afgrøderne voksede igen. Ben og Gilly arbejdede hårdt, høstede flere afgrøder end nogensinde før og solgte dem i byen. De havde penge nok til at købe mad og var ikke længere sultne. Ben lovede aldrig at spise hestekød igen, da Gilly var hans ven.

Der alte Mann und die grüne Flasche

Vor langer Zeit in einem fernen Land liebte ein alter Mann das Fischen. Er angelte jeden Tag und wenn er Fische fing, verdiente er etwas Geld. Manchmal fing er viele Fische, aber manchmal auch gar keine.

Eines Tages zog er sein Netz hoch, in der Hoffnung Fische zu fangen, die er auf dem Markt verkaufen könnte. Stattdessen fand er eine alte grüne Flasche. Er wusste, dass er sie säubern und auf dem Markt verkaufen konnte.

Neugierig auf die Flasche entfernte er den Korken. Plötzlich tauchte eine magische Gestalt auf und wuchs zu einem riesigen Dschinn heran!

Der alte Mann war erstaunt. Doch anstatt Wünsche zu erfüllen, bedrohte der wütende Dschinn das Leben des alten Mannes.

Aber der alte Mann war schlau. Er sagte: "Ich glaube nicht, dass du in dieser winzigen Flasche warst! Zeige mir, wie du hineinpasst."

Der Dschinn, begierig darauf, sich zu beweisen, schrumpfte und zwängte sich zurück in die Flasche.

"Wie dumm von dir, Dschinn!"

Der alte Mann steckte schnell den Korken wieder hinein und fing den Dschinn ein. Er warf die Flasche zurück ins Meer, wo der Dschinn dazu verdammt war, für immer zu treiben.

Den Gamle Mand og Den Grønne Flaske

For længe siden i et fjernt land, elskede en gammel mand at fiske. Han fiskede hver dag, og når han fangede fisk, tjente han nogle penge. Nogle gange fangede han mange fisk, men andre gange ingen.

En dag trak han sit net op, håbefuldt om at fange fisk at sælge. I stedet fandt han en gammel grøn flaske. Han vidste, han kunne rense og sælge den på markedet.

Nysgerrig på flasken fjernede han korken. Pludselig dukkede en magisk skabning op og voksede sig til en kæmpe ånd!

Den gamle mand var forbløffet. I stedet for at opfylde ønsker, truede den vrede ånd den gamle mands liv.

Men den gamle mand var snu. Han sagde: "Jeg tror ikke, at du var i denne lille flaske! Vis mig, hvordan du passede deri."

Ånden, ivrig efter at bevise sig selv, krympede sig og pressede sig tilbage i flasken.

"Hvad en tåbelig ånd!"

Den gamle mand satte hurtigt korken tilbage og fangede ånden. Han kastede flasken tilbage i havet, hvor ånden var dømt til at drive rundt for evigt.

Der Esel und der Hund

Es war einmal ein reicher Bauer, der viele Esel hatte. Sie halfen ihm auf seinem Land zu arbeiten. Der Bauer hatte auch einen Hund, den er liebte und auf den er sich verließ, um seine Farm nachts zu schützen.

Eines Tages war der Bauer so müde, dass er ins Bett ging, ohne den Hund zu füttern. Der Hund war traurig und fragte den Esel: "Was soll ich ohne Essen tun? Ihr Esel könnt den ganzen Tag Gras fressen, aber ich verhungere." Der Esel antwortete: "Ich bin sicher, dass unser Herr uns bald füttern wird."

Aber der Bauer kam nicht, und der Hund war verärgert. Als die Nacht kam, sah der Esel einen Dieb, der sich der Farm näherte. Der Esel rief dem Hund zu: "Fang an, laut zu bellen, damit unser Herr aufwacht und den Dieb sieht!" Der Hund antwortete: "Warum sollte ich ihm helfen, wenn er vergessen hat, mich zu füttern?"

Der Esel flehte den Hund an, aber es half nichts. Stattdessen begann der Esel laute Geräusche zu machen. Bald stimmten alle Esel mit ein, und der Bauer kam gelaufen.

Der Bauer sah den Dieb und jagte ihn weg. Dann realisierte er, dass er vergessen hatte, den Hund zu füttern, was ihn verärgert hatte. Er brachte eine große Schüssel Futter für den Hund und versprach, immer für ihn zu sorgen.

"Wir müssen uns um unsere Tiere kümmern, wie um unsere Kinder", dachte der Bauer, als er den Hund streichelte und einschlief, wissend, dass der Hund die Farm in der Nacht beschützen würde.

Æslet og Hunden

Engang var der en rig bonde, der havde mange æsler. De hjalp ham med at arbejde på hans land. Bonden havde også en hund, som han elskede og stolede på for at beskytte sin gård om natten.

En dag var bonden så træt, at han gik i seng uden at fodre hunden. Hunden var trist og spurgte æslet, "Hvad skal jeg gøre uden mad? I æsler kan spise græs hele dagen, men jeg sulter." Æslet svarede: "Jeg er sikker på, at vores herre snart vil fodre dig."

Men bonden kom ikke, og hunden var ked af det. Da natten kom, så æslet en tyv nærme sig gården. Æslet råbte til hunden: "Begynd at gø højt, så vores herre vågner op og ser tyven!" Hunden svarede: "Hvorfor skulle jeg hjælpe ham, når han glemte at fodre mig?"

Æslet bad hunden, men det hjalp ikke. I stedet begyndte æslet at lave høje lyde. Snart sluttede alle æslerne sig til, og bonden kom løbende.

Bonden så tyven og jagte ham væk. Han indså derefter, at han havde glemt at fodre hunden, hvilket havde gjort den ked af det. Han bragte en stor skål mad til hunden og lovede altid at tage sig af den.

"Vi skal tage os af vores dyr, som vi tager os af vores børn," tænkte bonden, da han klappede hunden og gik i seng, vidende at hunden ville beskytte gården om natten.

Der kluge Hase

Es war einmal ein wütiger Tiger, der alle Tiere im Wald jagte und einschüchterte. Nur der Hase hatte keine Angst vor dem Tiger. Um seinen Freunden zu helfen, schmiedete der Hase einen Plan.

Der Hase erzählte den Tieren, er werde den Wald wieder sicher machen. Die Tiere zweifelten, aber ließen ihn es versuchen. Der Hase ging zum Tiger und erzählte ihm, dass es einen noch größeren Tiger im Wald gab. Der Tiger wurde wütend und forderte den anderen Tiger zu sehen.

Der Hase führte den Tiger zu einem tiefen Brunnen im Wald und behauptete, der größere Tiger lebe dort. Der Tiger schaute in den Brunnen, sah sein Spiegelbild und dachte, es sei der andere Tiger.

Der Hase täuschte den Tiger und brachte ihn dazu, in den Brunnen zu springen, um gegen den "größeren" Tiger zu kämpfen. Der Tiger blieb stecken und konnte nicht entkommen.

Der Hase kehrte zu den Tieren zurück und erzählte ihnen, dass der Wald jetzt sicher sei. Die Tiere feierten und waren dankbar für den klugen Hasen, der sie vor dem wütenden Tiger gerettet hatte.

Den Kloge Kanin

Der var engang en vred tiger i en skov, som jagtede og skræmte alle dyrene. Kaninen var det eneste dyr, der ikke var bange for tigeren. Kaninen ønskede at hjælpe sine venner og lavede derfor en plan.

Kaninen fortalte dyrene, at den ville gøre skoven sikker igen. Dyrene var skeptiske, men lod ham prøve. Kaninen gik til tigeren og fortalte ham, at der var en endnu større tiger i skoven. Tigeren blev vred og krævede at se den anden tiger.

Kaninen førte tigeren til en dyb brønd i skoven og påstod, at den større tiger boede der. Tigeren kiggede ned i brønden, så sit eget spejlbillede og troede, det var den anden tiger.

Kaninen narrede tigeren til at springe ned i brønden for at kæmpe mod den "større" tiger. Tigeren sad fast og kunne ikke slippe væk.

Kaninen vendte tilbage til dyrene og fortalte dem, at skoven nu var sikker. Dyrene fejrede og var taknemmelige for den kloge kanin, der reddede dem fra den vrede tiger.

Die Familie der Amseln

Es war einmal eine Familie von Amseln, die glücklich lebte. Sie zogen mit ihren drei Küken nach Mailand und bauten ein Nest in einem hohen Baum im Garten eines Palastes. Die Küken hatten weiße Federn, während ihre Eltern schwarzes Gefieder hatten.

Während eines eisigen Winters nistete die Familie unter den Dachvorsprüngen eines Hauses, um sicher zu bleiben. Der Vatervogel suchte den ganzen Tag nach Nahrung, fand aber nur Eis und Schnee. Freundliche Menschen gaben ihnen manchmal Krümel.

Als es kälter wurde, flog der Vatervogel gen Süden, um einen wärmeren Ort zu finden. Inzwischen hatte die Mutter den Nest in der Nähe eines rauchenden Kamins platziert, um die Küken warm zu halten. Die Kälte dauerte drei Tage an.

Als der Vatervogel zurückkehrte, war seine Familie vom Ruß des Kamins schwarz geworden. Seitdem wurden Amseln schwarz geboren und weiße wurden zu einer Legende.

In Mailand werden die letzten drei Tage des Januars, die kältesten Tage, "die Tage der Amsel" genannt, um sich an die tapfere Amsel-Familie zu erinnern.

Den Sorte Fuglefamilie

Engang levede en sort fuglefamilie lykkeligt. De flyttede til Milano med deres tre kyllinger og byggede en rede i et højt træ i en palads-have. Kyllingerne havde hvide fjer, mens deres forældre havde sort fjerdragt.

Under en frysende vinter, byggede familien rede under tagudhænget på et hus for at blive i sikkerhed. Faderfuglen søgte efter mad hele dagen, men fandt kun is og sne. Venlige mennesker gav dem nogle gange smuler.

Da det blev koldere, fløj faderfuglen sydpå for at finde et varmere sted. Imens flyttede moderfuglen reden tæt på en rygende skorsten for at holde kyllingerne varme. Kulden varede tre dage.

Da faderfuglen vendte tilbage, var hans familie blevet sorte af skorstensrøgen. Fra da af blev sortebilledet født sort, og de hvide blev en legende.

I Milano kaldes de sidste tre dage i januar, de koldeste dage, for "sortfuglenes dage" for at mindes den modige sorte fuglefamilie.

Der kleine Gärtner

Sally war ein zehnjähriges Mädchen, das in einer kleinen Stadt lebte. Ihre Eltern bauten Gemüse in ihrem Garten an. Manchmal hatten sie extra Gemüse und gaben es ihren Nachbarn.

Eines Tages bat Sallys Vater sie, etwas Gemüse zu Mrs. Brown, einer alten Dame, die alleine in der Nähe lebte, zu bringen.

Auf dem Weg dachte Sally darüber nach, das Gemüse zu verkaufen und das Geld für Samen zu verwenden. Sie würde mehr Pflanzen anbauen, das Gemüse verkaufen und irgendwann ihren eigenen Garten haben.

Dann könnte sie sich ein schönes Haus und schicke Kleidung leisten.

Sally war so beschäftigt mit ihren Gedanken, dass sie einen großen Stein auf dem Weg übersah. Sie stolperte und das Gemüse verteilte sich überall.

In einem Augenblick waren Sallys Träume, einen eigenen Garten zu haben, verflogen. Sie hatte kein Gemüse zu verkaufen und konnte keine Samen kaufen. Ihre Pläne waren ruiniert. Sally fühlte sich traurig und weinte.

Auf dem Rückweg erkannte Sally, dass sie auf ihren Weg hätte achten sollen, anstatt zu Tagträumen.

Sally lernte, dass wir uns darauf konzentrieren müssen, Hindernisse auf unserem Weg zu überwinden, um unsere Ziele zu erreichen.

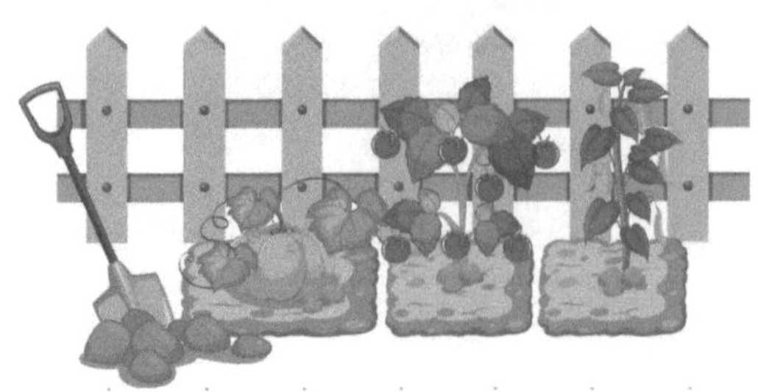

Den lille gartner

Sally var en ti-årig pige, der boede i en lille by. Hendes forældre dyrkede grøntsager i deres have. Nogle gange havde de ekstra grøntsager og gav dem til deres naboer.

En dag bad Sallys far hende om at tage nogle grøntsager til fru Brown, en ældre dame, der boede alene i nærheden.

På vejen tænkte Sally på at sælge grøntsagerne og bruge pengene til at købe frø. Hun ville dyrke flere planter, sælge grøntsagerne og til sidst have sin egen have.

Så kunne hun have råd til et dejligt hus og fine tøj.

Sally var så optaget af at tænke, at hun ikke så en stor sten på stien. Hun snublede, og grøntsagerne spredte sig overalt.

På et øjeblik forsvandt Sallys drømme om at have sin egen have. Hun havde ingen grøntsager at sælge og kunne ikke købe frø. Hendes planer var ødelagt. Sally følte sig trist og græd.

På vej tilbage indså Sally, at hun skulle have været opmærksom på sin sti i stedet for at dagdrømme.

Sally lærte, at for at nå vores mål, skal vi fokusere på at overvinde forhindringer på vores vej.

Kleine Vogel und Rabe

Eines Tages lud Kleine Vogel Raven zu einer Mahlzeit ein. Sie bereitete das Essen vor und wartete auf Ravens Ankunft. Die Zeit verging, aber Raven erschien nicht. Kleine Vogel rief und fragte, wo Raven sei.

Rabe sagte, er würde kommen, nachdem er gebadet und seine roten Schuhe angezogen habe. Kleine Vogel wartete, aber Raven kam immer noch nicht. Kleine Vogel wurde hungrig und beschloss, die Mahlzeit alleine zu essen. Sie aß alles und ließ nichts für Raven übrig.

Besorgt, dass Raven sie fressen könnte, wenn er kein Essen finden würde, versteckte sich Kleine Vogel in der Küche. Plötzlich kam Raven an und fragte nach seiner Mahlzeit. Er entdeckte den leeren Topf und wurde wütend.

Rabe drohte, Kleine Vogel mit einem heißen Löffel zu schlagen, wenn sie nicht herauskäme. Kleine Vogel, verängstigt, gab sich zu erkennen. Raven schlug sie nicht, aber schimpfte sie dafür aus, dass sie kein Essen für ihn übrig gelassen hatte.

Sich schuldig fühlend, versprach Kleine Vogel, niemals vor Ankunft der Gäste zu essen und immer das zu tun, was sie sagt.

Lille Fugl og Ravn

En dag inviterede Lille Fugl Ravn til at spise. Hun forberedte maden og ventede på, at Ravn skulle komme. Tiden gik, men Ravn dukkede ikke op. Lille Fugl råbte og spurgte, hvor Ravn var.

Ravn svarede, at han ville komme, når han var færdig med sit bad og havde taget sine røde sko på. Lille Fugl ventede, men Ravn kom stadig ikke. Lille Fugl blev sulten og besluttede at spise al maden alene. Hun spiste alt og efterlod intet til Ravn.

Bange for at Ravn ville spise hende, hvis han ikke fandt noget mad, gemte Lille Fugl sig i køkkenet. Pludselig ankom Ravn og bad om sin mad. Han opdagede den tomme gryde og blev vred.

Ravn truede med at slå Lille Fugl med en varm ske, hvis hun ikke dukkede op. Lille Fugl, bange, afslørede sig selv. Ravn slog hende ikke, men skældte hende ud for ikke at have efterladt noget mad til ham.

Lille Fugl følte sig skyldig og lovede aldrig at spise, før gæsterne ankom, og altid at mene, hvad hun sagde.

Acht magische Bäume

Einmal herrschte ein großer König mit sieben Frauen über ein Königreich. Er war freundlich und großzügig, aber er hatte keinen Erben, was ihn traurig machte. Die jüngste und schönste Königin wurde schwanger, was zu einer Feier führte. Die älteren Königinnen wurden eifersüchtig, da der König die jüngere Königin bevorzugte.

Zur Überraschung des Königs brachte die jüngste Königin acht Babys zur Welt: sieben Jungen und ein Mädchen. Die neidischen Königinnen planten einen schrecklichen Plan. Sie töteten die Babys, begruben sie im Palastgarten und ersetzten sie durch Welpen und ein Kätzchen. Sie beschuldigten die jüngste Königin der Hexerei und verbannten sie.

Jahre später wuchsen sieben Champa-Bäume und ein Parul-Baum an der Stelle, wo die Babys begraben wurden. Als der König versuchte, ihre Blumen zu pflücken, hörte er eine Stimme, die ihn bat, die verbannte Königin zurückzubringen. Der König tat wie gefordert und die Königin pflückte die Blumen von den Bäumen.

Jedes Mal, wenn sie eine Blume pflückte, tauchte ein Kind auf und wurde mit seiner Mutter vereint. Der König entdeckte das böse Komplott der älteren Königinnen und sperrte sie für immer ein. Die jüngste Königin, der König und ihre acht Kinder lebten glücklich bis ans Ende ihrer Tage und lehrten die Menschen, dass Neid und falsches Handeln niemals Gutes bringen.

Otte magiske træer

Engang herskede en stor konge med syv koner over et rige. Han var venlig og gavmild, men han havde ingen arving, hvilket gjorde ham trist. Den yngste og smukkeste dronning blev gravid, og det blev fejret. De ældre dronninger blev misundelige, da kongen favoriserede den yngre dronning mere.

Til kongens overraskelse fødte den yngste dronning otte babyer: syv drenge og en pige. De misundelige dronninger udtænkte en forfærdelig plan. De dræbte babyerne, begravede dem i paladshaven og erstattede dem med hvalpe og en killing. De anklagede den yngste dronning for hekseri og forviste hende.

År senere voksede syv Champa-træer og et Parul-træ frem fra stedet, hvor babyerne var begravet. Da kongen forsøgte at plukke blomsterne, hørte han en stemme, der bad ham om at bringe den forviste dronning tilbage. Kongen gjorde som sagt, og dronningen plukkede blomsterne fra træerne.

Hver gang hun plukkede en blomst, dukkede et barn op og blev genforenet med sin mor. Kongen opdagede de ældre dronningers onde plan og fængslede dem for livet. Den yngste dronning, kongen og deres otte børn levede lykkeligt til deres dages ende og lærte folket, at misundelse og ondskab aldrig fører noget godt med sig.

Schwere Zeiten

Als der Krieg begann, war ich noch sehr jung. Ich erinnere mich, dass es beängstigend war, weil jeder besorgt und unsicher war. Meine Mutter sagte, dass wir unser Zuhause verlassen und die Grenze überqueren müssen, um sicher zu sein, bis der Krieg vorbei ist.

Meine Mutter war schwanger und mein Vater war nicht da. Sie musste sich um meine Schwestern und mich kümmern. Wir hatten Angst und hörten Geschichten über die Grenze, aber meine Mutter bestand darauf, dass wir gehen müssen.

Beim Überqueren der Grenze herrschte Chaos, und wir verloren meine ältere Schwester aus den Augen. Meine Tante fand sie rechtzeitig, und wir überquerten alle zusammen. Wir blieben bei Verwandten in Mazedonien, bis der Krieg endete, und kehrten später nach Hause zurück.

Als ich acht Jahre alt war, sagte meine Mutter, dass wir nach England ziehen würden, um eine bessere Zukunft zu haben. Zunächst gefiel mir die Idee nicht, aber als wir dort waren, gefiel es mir. Die Schule in England war anders und bot mehr Möglichkeiten.

Ich habe Freunde aus verschiedenen Ländern in meiner Schule gefunden und fühle mich nicht anders, weil ich aus Albanien komme. Diese Geschichte handelt davon, Veränderungen anzunehmen und das Gute darin zu sehen. Es geht darum, die Chancen im Leben zu erkennen, die sich nach schwierigen Zeiten bieten, und sich auf die Zukunft zu freuen.

Svære Tider

Da krigen begyndte, var jeg meget ung. Jeg husker, at det var skræmmende, og alle var bekymrede og usikre. Min mor sagde, at vi skulle forlade vores hjem og krydse grænsen for at være sikre, indtil krigen sluttede.

Min mor var gravid, og min far var ikke i nærheden. Hun skulle tage sig af mine søstre og mig. Vi var bange og hørte historier om grænsen, men min mor insisterede på, at vi skulle gå.

Mens vi krydsede grænsen, var der kaos, og vi mistede synet af min ældre søster. Min tante fandt hende lige i tide, og vi krydsede alle sammen. Vi boede hos familie i Makedonien, indtil krigen sluttede, og flyttede senere tilbage til vores hjemland.

Da jeg var otte, sagde min mor, at vi skulle flytte til England for en bedre fremtid. Først kunne jeg ikke lide tanken, men da vi var der, nød jeg det. Skolen i England var anderledes, med flere muligheder.

Jeg har fået venner fra forskellige lande i min skole, og jeg føler mig ikke anderledes, fordi jeg kommer fra Albanien. Denne historie handler om at acceptere forandring og se det gode, der kan komme fra det. Det handler om mulighederne, som livet tilbyder, efter at have overlevet hårde tider og se fremad mod fremtiden.

John und das kleine Eichhörnchen

Einmal lebte in einer kleinen Stadt in der Türkei eine Mutter mit ihrem Sohn namens John. Sie waren sehr arm, und jeden Tag ging John in den Wald, um Essen zu suchen.

Eines Tages hörte er beim Suchen von Pilzen ein Mädchen weinen. Er fand ein kleines Eichhörnchen, tröstete es und sie wurden Freunde. John erzählte dem Eichhörnchen von ihrer Armut, und das Eichhörnchen versprach zu helfen.

Das Eichhörnchen führte ihn zu einem Kliff, und unten würde er die Grouse Queen finden, die drei Fragen stellen würde. Das Eichhörnchen flüsterte die Antworten, dann ging es weg. John kletterte hinunter und beantwortete die Fragen der Grouse Queen. Er erhielt als Belohnung einen Topf mit Gold.

Als er das Eichhörnchen wiederfand, war es traurig. Es war eine Prinzessin, bis die Grouse Queen sie in ein Eichhörnchen verwandelte. Um den Zauber zu brechen, brauchte sie einen Tropfen des grünen Wassers aus einer Drachenhöhle. John kämpfte mutig gegen den Drachen, der die Höhle bewachte, holte das grüne Wasser und gab es dem Eichhörnchen. Sie verwandelte sich wieder in eine Prinzessin.

Der Vater der Prinzessin, der Sultan, dankte John und versprach ihm ein gutes Leben. John kehrte mit dem Gold und Geschenken für seine Mutter nach Hause zurück und sorgte dafür, dass sie nie wieder arm sein würden.

John og den lille egern

Engang i en lille by i Tyrkiet boede en mor med sin søn, der hed John. De var meget fattige, og hver dag gik John ud i skoven for at finde mad.

En dag, mens han ledte efter svampe, hørte han en pige græde. Han fandt en lille egern, trøstede det, og de blev venner. John fortalte egernet om deres fattigdom, og egernet lovede at hjælpe.

Egernet førte ham til en klippe, og nede i bunden ville han finde Fasan-dronningen, som ville stille tre spørgsmål. Egernet hviskede svarene, så forlod det stedet. John kravlede ned og besvarede Fasan-dronningens spørgsmål. Han modtog en gryde fuld af guld som præmie.

Da han fandt egernet igen, var det trist. Det var en prinsesse, indtil Fasan-dronningen forvandlede hende til et egern. For at bryde fortryllelsen havde hun brug for en dråbe af det grønne vand fra en drages hule. John kæmpede mod dragen, der vogtede hulen, og fik det grønne vand og gav det til egernet. Hun blev igen en prinsesse.

Prinsessens far, sultanen, takkede John og lovede ham et godt liv. John vendte hjem med guld og gaver til sin mor og sikrede, at de aldrig ville være fattige igen.

Die Geschichte des Mädchens mit den langen Haaren

Einst lebte in einer Stadt am Fuße des Berges Du ein herzliches Mädchen mit wunderschönem langen Haar. Die Einwohner, die unter einer Dürre litten, mussten weit reisen, um an Wasser zu kommen und waren oft Gefahren ausgesetzt.

Das Mädchen, genannt "Langhaar", war dafür bekannt, dass sie ein Banyanbaum mit Wasser versorgte. Eines Tages, während sie auf dem Berg Du nach Pflanzen suchte, entdeckte sie eine riesige Rübe. Als sie sie herauszog, floss Wasser aus dem Boden. Ein Dämon tauchte auf, beanspruchte das Wasser für sich und drohte damit, ihr Leben zu nehmen, wenn sie den Ort teilt.

Langhaar kämpfte mit ihrem Dilemma, und ihr Haar änderte sich aufgrund des Stresses in Farbe. Eines Tages sah sie einen alten Mann in Gefahr, der nach Wasser suchte, und beschloss, ihm die Wasserquelle zu zeigen. Der Dämon, wütend, verlangte, dass Langhaar in dem Wasser ertrinkt, damit die Stadtbewohner darauf zugreifen können.

Bevor sie es tat, erschien der Banyan-Gott und bot Hilfe an. Er schuf eine steinerne Nachbildung von Langhaar, indem er ihr Haar verwendete, um es überzeugend aussehen zu lassen. Das Steinmädchen wurde unter Wasser platziert und täuschte so den Dämon.

Von nun an lebte "Langhaar" glücklich mit ihren Mitbewohnern.

Historien om pigen med det lange hår

Engang boede der en venlig pige med smukt, langt hår i en by ved foden af Mount Du. Byens indbyggere led under tørke og var nødt til at rejse langt for at hente vand og var ofte i fare.

Pigen, der blev kaldt "Langt Hår", var godt kendt for at dele sit vand med et banantræ. En dag mens hun ledte efter planter på Mount Du, opdagede hun en kæmpe radise. Da hun trak den op, fløød vand ud af jorden. En dæmon dukkede op og krævede vandet og truede hende med livet, hvis hun delte dens placering.

Langt Hår kæmpede med sin dilemma, og hendes hår skiftede farve af stress. En dag så hun en gammel mand i fare, mens han ledte efter vand, og besluttede at afsløre vandkilden. Dæmonen blev rasende og krævede, at Langt Hår skulle drukne i vandet som betaling for byens adgang til det.

Inden hun gjorde det, optrådte banantræets gud og tilbød hjælp. Han skabte en stenreplika af Langt Hår ved hjælp af hendes hår for at gøre den troværdig. Stenpigen blev placeret under vandet og narrede dæmonen.

Fra den dag levede "Langt Hår" lykkeligt med byens indbyggere.

Schmerzhafte Erfahrungen

Eule schaute aus ihrer Baumhöhle und sah Taube, die einen Käse rollte. Bald näherte sich Fuchs, schmeichelte Taube und brachte ihn dazu, den Käse fallen zu lassen. Der Fuchs nahm den Käse und ging, während Taube sich dumm fühlte.

Dann sah Eule eine Grille, die eine Ameise um Essen bat. Die Grille hatte den Sommer mit Singen verbracht und kein Essen gesammelt. Die Ameise, die hart gearbeitet hatte, lehnte ab zu helfen und schloss die Tür vor der Grille, in der Hoffnung, ihr eine Lektion über die Vorbereitung auf die Zukunft zu erteilen.

Eule kehrte zu ihrer Höhle zurück und überlegte, wie oft Lektionen im Leben durch schmerzhafte Erfahrungen und nicht durch Ratschläge gelernt werden. Sie hoffte, dass die Waldbewohner eines Tages gute Ratschläge annehmen würden und nicht auf die harte Tour lernen müssten.

Smertefulde oplevelser

Ugle kiggede ud fra sit træhul og så Duen holde en ostehjul. Snart nærmede Ræven sig, flatterede Duen og narrede ham til at tabe osten. Ræven tog osten og gik sin vej, mens Duen følte sig tåbelig.

Ugle så derefter en græshoppe, der bad en myre om mad. Græshoppen havde brugt sommeren på at synge i stedet for at samle mad. Myren, der havde arbejdet hårdt, nægtede at hjælpe og lukkede døren for græshoppen og håbede, at det ville lære hende en lektion om at forberede sig til fremtiden.

Ugle vendte tilbage til sit hul og tænkte over, hvordan livets lektioner ofte læres gennem smertefulde oplevelser snarere end råd. Hun håbede, at skovens væsner en dag ville acceptere god rådgivning og ikke skulle lære lektionerne på den hårde måde.

Tom von den Schweinen

Es war einmal ein Junge namens Tom, der einige Schweine betreute. Jeder nannte ihn Tom von den Schweinen.

Eines Tages wollte ein Mann Toms Schweine kaufen. Tom stimmte zu, sechs Schweine zu verkaufen, behielt jedoch ihre Ohren und Schwänze. Er begrub ein Schwein zur Hälfte im Sand und legte die Ohren und Schwänze darum. Dann sagte er dem Bauern, dass alle seine Schweine im Sand stecken geblieben seien.

Der besorgte Bauer versuchte, die Schweine zu retten, fand jedoch nur Ohren und Schwänze. Er bat Tom, Schaufeln von seiner Frau zu holen. Anstatt danach zu fragen, bat Tom um zwei Säcke voller Gold. Der Bauer stimmte zu, und Tom nahm das Gold mit.

Leider wurde Toms Gold gestohlen. Tom verfolgte den Dieb, der ihn mit einem Trick überlistete, indem er ihm sagte, dass ein Hirsch-Nierenfett ihn schneller machen würde. Tom glaubte ihm, entfernte seine eigene Niere und starb.

Der Bauer fand Tom und sagte: "Du warst schlau, aber du hast jemanden getroffen, der noch schlauer war."

Tom af Grisene

Der var engang en dreng ved navn Tom, der passede nogle grise. Alle kaldte ham Tom af Grisene.

En dag ville en mand købe Toms grise. Tom accepterede at sælge seks grise, men beholdt deres ører og haler. Han begravde en gris halvvejs i sandet og lagde ører og haler omkring den. Derefter sagde han til bonden, at alle hans grise sad fast i sandet.

Den bekymrede bonde prøvede at redde grisene, men fandt kun ører og haler. Han bad Tom om at hente skovle fra sin kone. I stedet bad Tom om to poser guld. Bonden accepterede, og Tom tog guldet.

Desværre stjal en tyv Toms guld. Tom forfulgte tyven, der narrede ham ved at kaste et rådyrskidt og hævde, at det gjorde ham hurtigere. Tom troede på ham, fjernede sin egen nyre og døde.

Bonden fandt Tom og sagde: "Du var klog, men du mødte en person, der var endnu klogere."

Die Meerjungfrau

Vor langer Zeit lebte am Grund des Meeres eine wunderschöne Prinzessin namens Lila. Ihr Unterwasserpalast bestand aus leuchtenden Steinen, die das Wasser um sie herum zum Strahlen brachten.

Lila liebte es zu erkunden, aber ihr Vater, der mächtige Meereskönig, sagte ihr immer, niemals in Richtung der Küste zu schwimmen. Trotz seiner Warnung schwamm Lila eines Tages an die Oberfläche, angezogen von den glitzernden Strahlen der Sonne.

An der Oberfläche traf Lila einen jungen Fischer. Sie verliebten sich auf den ersten Blick, aber der Meereskönig wurde wütend. Er entfachte einen heftigen Sturm, der den Fischer in Gefahr brachte. Lila nutzte ihre Stärke, um ihn zu retten und sein Boot in Sicherheit zu bringen.

Ihre Aktionen brachten ihren Vater noch mehr in Rage. Er verwandelte Lila in Meeresschaum und zerstörte ihren Palast.

Jetzt, wenn die Wellen die Küste berühren, kann man den Meeresschaum sehen und manchmal leuchtende Steine am Strand finden. Diese erinnern an Prinzessin Lila und ihren Unterwasserpalast.

Havfrue

For længe siden boede der en smuk prinsesse ved navn Lila på havets bund. Hendes undersøiske palads var lavet af glitrende sten, der fik vandet omkring det til at skinne klart.

Lila elskede at udforske, men hendes far, den mægtige havkonge, fortalte hende altid at hun ikke måtte svømme mod kysten. Men en dag blev Lila lokket af solens skinnende stråler og svømmede op til overfladen.

På overfladen mødte Lila en ung fisker, og de blev forelsket ved første øjekast. Men havkongen blev vred og skabte en voldsom storm, der satte fiskeren i fare. Lila brugte sin styrke til at redde ham og skubbe hans båd i sikkerhed.

Hendes handlinger gjorde hendes far endnu mere rasende, og han forvandlede Lila til havskum og ødelagde hendes palads.

Nu, når bølgerne børster mod kysten, kan man se havskummet, og nogle gange kan man finde glitrende sten på stranden. De er påmindelser om prinsesse Lila og hendes undersøiske palads.

Die Frau, die drei Männer will

Vor langer Zeit hatte ein Kaufmann in Spanien eine kluge und entschlossene Tochter. Er hatte drei mögliche Ehemänner für sie gefunden, und sie musste einen auswählen.

"Ich will alle drei", sagte sie.

Ihr Vater war anderer Meinung, also schickte er die Männer auf eine Quest, um das seltenste Objekt zu finden, das sie konnten, und sie würde basierend auf ihren Geschenken wählen.

Der erste Mann fand einen magischen Spiegel, der jedem, egal wie weit entfernt, zeigen konnte. Der zweite Mann fand magisches Öl, das Tote wieder zum Leben erwecken konnte. Der dritte Mann fand ein Boot, das schnell überall auf der Welt reisen konnte.

Als sie sich wiedervereinigten, sah der erste Mann die Tochter tot in ihrem Sarg, indem er den Spiegel benutzte. Sie nutzten schnell das Öl und das Boot, um sie wieder zum Leben zu erwecken.

Ihr Vater, überglücklich, erzählte ihr, was sie getan hatten. Sie lächelte und sagte: "Deshalb werde ich alle drei heiraten!"

Den Kvinde, der vil have Tre Mænd

For længe siden, i Spanien, havde en købmand en intelligent og bestemt datter. Han fandt tre mulige ægtemænd til hende, og hun skulle vælge en.

"Jeg vil have dem alle tre," sagde hun.

Hendes far var uenig, så han sendte mændene på en mission for at finde den sjældneste genstand, de kunne, og hun ville vælge baseret på deres gaver.

Den første mand fandt et magisk spejl, der viste alle, uanset hvor langt væk de var. Den anden mand fandt magisk olie, der kunne bringe de døde tilbage til livet. Den tredje mand fandt en båd, der kunne rejse overalt i verden hurtigt.

Da de blev genforenet, så den første mand datteren død i hendes kiste ved hjælp af spejlet. De brugte hurtigt olien og båden til at bringe hende tilbage til livet.

Hendes far var henrykt og fortalte hende, hvad de havde gjort. Hun smilede og sagde: "Det er derfor, jeg vil gifte mig med dem alle tre!"

Die Träumende Mädchen

Einmal lebte ein Mädchen bei ihren Eltern, die beschlossen, dass es Zeit sei, dass sie heiratet. Während sie einen Ehemann suchten, träumte das Mädchen von ihren zukünftigen Kindern und nannte sie Mulak, Jahaan, Dhesh und Lutdi.

Als sie auf dem Dach ihres Hauses stand, rief sie ihre Namen. Die Städter missverstanden ihre Worte und dachten, dass sie in Gefahr sei und eilten zur Hilfe. Auf Punjabi klangen ihre Worte wie "Menschen", "Land" und "Ich werde angegriffen!"

Zufälligerweise versuchten Diebe in ihr Haus einzubrechen, aber als sie die Städter kommen sahen, flohen sie. Ein weiser Mann erklärte, wie ihr Tagtraum sie ungewollt vor den Dieben gerettet hatte. Die Städter stimmten zu, dass Tagträumen gut sein kann.

Das Mädchen heiratete, bekam Kinder und erzählte ihnen immer, dass Träume zu erstaunlichen Dingen führen können.

Den drømmende pige

Engang boede en pige sammen med sine forældre, som besluttede, at det var tid til, at hun skulle giftes. Mens de tog af sted for at finde en ægtemand, dagdrømte pigen om sine fremtidige børn og gav dem navnene Mulak, Jahaan, Dhesh og Lutdi.

Stående på taget af sit hus råbte hun deres navne ud. Landsbyboerne misforstod hendes ord og troede, at hun var i fare og løb for at hjælpe. På punjabi lød hendes ord som "mennesker", "land" og "jeg bliver angrebet!"

Tilfældigvis forsøgte nogle tyve at bryde ind i hendes hus, men da de så landsbyboerne komme, flygtede de. En vis mand forklarede, hvordan hendes dagdrøm ubevidst havde reddet hende fra tyvene. Landsbyboerne blev enige om, at dagdrømme kan være godt.

Pigen blev gift, fik børn og fortalte dem altid, at drømme kan føre til fantastiske ting.

Die beiden Brüder und der magische Vogel

Es waren einmal zwei Brüder. Der ältere war gierig und der jüngere hatte ein gutes Herz. Als ihr Vater starb, nahm der ältere Bruder alles mit, so dass der jüngere Bruder nur einen Korb und eine Axt zum Holzhacken hatte.

Eines Tages traf der jüngere Bruder einen magischen Vogel, der ihm anbot, ihn für eine Goldmünze zur Insel der Sonne zu bringen. Er stimmte zu und kehrte mit dem Gold nach Hause zurück, kaufte sich einen kleinen Bauernhof und lebte glücklich.

Der eifersüchtige ältere Bruder forderte seinen Bruder auf, ihm sein Geheimnis zu verraten. Der jüngere Bruder erzählte ihm davon, und der ältere Bruder ging auf den Berg, traf den magischen Vogel und bat um Gold. Der Vogel brachte ihn zur Insel der Sonne, wo er gierig seinen Korb mit Gold füllte.

Aber als er aufblickte, war der Vogel fortgeflogen und ließ ihn gestrandet zurück. Der jüngere Bruder erbte das Land des älteren Bruders und teilte seinen Reichtum mit der Gemeinschaft.

De to brødre og den magiske fugl

Engang var der to brødre. Den ældre var grådig, og den yngre var venlig. Da deres far døde, tog den ældre alt, og den yngre blev kun efterladt med en kurv og en økse til at hugge træ.

En dag mødte den yngre bror en magisk fugl, der tilbød at tage ham til Solens Ø for en guldmønt. Han accepterede tilbuddet, vendte tilbage hjem med guldet, købte en lille gård og levede lykkeligt.

Den misundelige ældre bror krævede at vide hans hemmelighed. Den yngre bror fortalte ham om den magiske fugl, og den ældre bror gik op på bjerget, mødte den magiske fugl og bad om guld. Fuglen tog ham med til Solens Ø, hvor han grådigt fyldte sin kurv med guld.

Men da han kiggede op, var fuglen fløjet væk og efterladt ham strandet. Den yngre bror arvede den ældre brors land og delte sin rigdom med samfundet.

Die Geschichte der Riesigen Bäume

In einem dichten Wald sorgten die riesigen Bäume für frische Luft. Adao und seine Freunde beschlossen, Bäume für Geld zu fällen, indem sie jeden Monat einen Baum fällten und zwei neue pflanzten. Allerdings wurden Adaos Freunde gierig und fällten mehr Bäume. Adao war traurig, aber sie hörten nicht auf ihn.

Eines Nachts warnte ihn eine mysteriöse Stimme vor Bestrafung. Am nächsten Tag zerstörte ein Sturm ihre Hütte und verletzte einen Freund. Die verängstigten Freunde rannten weg, aber Adao blieb zurück, um weitere Bäume zu pflanzen. Als der Sturm vorbei war, fand Adao seine Hütte wiederaufgebaut, mit einem warmen Essen bereit. Er versprach, weiterhin Bäume zu pflanzen und nur einen Baum pro Monat zu fällen.

Adao lebte hundert Jahre und sein Geist schloss sich den Riesigen Bäumen an, um den Wald zu schützen. Im Laufe der Jahre florierte der Wald und Adaos Vermächtnis verbreitete sich. Ein Junge namens João lernte von Adao und setzte seine Arbeit fort. Die Geschichte von Adao und den Riesigen Bäumen wurde zum Symbol der Hoffnung und lehrte die Bedeutung des Erhaltens und Respektierens der Natur.

Fortællingen om De Store Træer

I en tæt skov sørger De Store Træer for frisk luft. Adao og hans venner besluttede sig for at fælde træer for penge, ved at fælde ét træ hver måned og plante to i stedet. Men Adaos venner blev grådige og fældede flere træer. Adao blev ked af det, men de ville ikke lytte.

En nat advarede en mystisk stemme om straf. Næste dag ødelagde en storm deres hytte og sårede en af vennerne. De bange venner løb væk, men Adao blev og plantede flere træer. Da stormen stoppede, fandt Adao sin hytte genopbygget, og der stod et varmt måltid klar. Han lovede at fortsætte med at plante træer og kun fælde ét om måneden.

Adao levede i hundrede år, og hans ånd sluttede sig til De Store Træer for at beskytte skoven. I årenes løb blomstrede skoven, og Adaos arv spredte sig. En ung dreng ved navn João lærte af Adao og fortsatte hans arbejde. Fortællingen om Adao og De Store Træer blev et symbol på håb og lærte om vigtigheden af at bevare og respektere naturen.

Der Bär und der Hase

Einmal prahlte ein Bär immer mit seiner Stärke und seinem Mut. "Ich bin der Stärkste und Mutigste im Wald", behauptete er. Aber er hatte Angst vor Mäusen und wollte nicht, dass andere es wussten.

In der Nähe lebte ein ruhiger Hase. Er prahlte nicht, weil er nicht dachte, dass er stark oder klug sei. Der Bär neckte den Hasen oft wegen seiner Ängstlichkeit. Der Hase dachte: "Ich bin vielleicht leise, aber ich habe Freunde und beurteile andere nicht."

Eines Tages hörte der Hase den Bären um Hilfe rufen. Er fand den Bären an einem Ast hängend, vor einer Familie von Mäusen darunter erschrocken. Der Hase scheuchte die Mäuse sanft weg und der Bär konnte herunterklettern.

"Warum hast du Angst vor Mäusen?" fragte der Hase.

"Sie sind schleimig und dreckig", sagte der Bär.

"Das stimmt nicht", antwortete der Hase. "Du kannst sie nicht beurteilen, ohne mit ihnen zu sprechen."

Der Bär gab zu, dass er nie mit den Mäusen gesprochen hatte, und erkannte, dass er falsch lag. "Du bist tapfer und stark, vielleicht der Stärkste im Wald", sagte der Bär.

Der Hase bedankte sich, aber wusste, dass es nicht wahr war. Sie lachten zusammen und der Bär lernte, andere nicht nach ihrem Aussehen zu beurteilen. Der Bär und der Hase wurden gute Freunde.

Bjørnen og Kaninen

Engang bragede en bjørn altid om sin styrke og mod. "Jeg er den stærkeste og modigste i skoven," hævdede han. Men han var bange for mus og ønskede ikke, at andre skulle vide det.

En stille kanin boede i nærheden. Han pralede ikke, fordi han ikke mente, at han var stærk eller klog. Bjørnen drillede ofte kaninen for at være tøvende. Kaninen tænkte: "Jeg er måske stille, men jeg har venner og dømmer ikke andre."

En dag hørte kaninen bjørnen råbe om hjælp. Han fandt bjørnen hængende på en trægren og bange for en familie af mus nedenfor. Kaninen drev musene væk på en venlig måde, og bjørnen kravlede ned.

"Hvorfor er du bange for mus?" spurgte kaninen.

"De er slimede og beskidte," sagde bjørnen.

"Det er ikke sandt," svarede kaninen. "Du kan ikke dømme dem uden at tale med dem."

Bjørnen indrømmede, at han aldrig havde talt med musene og indså, at han tog fejl. "Du er modig og stærk, måske den stærkeste i skoven," sagde bjørnen.

Kaninen takkede ham, men vidste, at det ikke var sandt. De grinede sammen, og bjørnen lærte ikke at dømme andre efter deres udseende. Bjørnen og kaninen blev gode venner.

Die Verletzte Löwin

Es war einmal ein armes Mädchen, das in ihrem Dorf Kühe hütete. Eines Tages hörte sie einen traurigen Klang und fand einen Löwen mit einem Dorn in der Pfote. Angst aber freundlich entfernte sie den Dorn. Der Löwe bedankte sich, aber als sie zu den Kühen zurückkehrte, waren sie weg.

Der Bauer des Dorfes war wütend und ließ sie fortan die Schafe hüten. Ein Jahr später fand sie wieder denselben Löwen mit einem Dorn in der Pfote. Sie half ihm, aber auch die Schafe verschwanden. Der Bauer ließ sie daraufhin Schweine hüten.

Noch ein Jahr verging, und sie fand zum dritten Mal den Löwen mit einem Dorn in der Pfote. Die Schweine verschwanden ebenfalls. Entschlossen, das Geheimnis zu lösen, sah sie einen jungen Mann in der Nähe eines Felsens verschwinden und später einen Löwen erscheinen.

Das Mädchen fand einen geheimen Eingang in den Felsen und traf den jungen Mann in einem großen Haus. Er erzählte ihr, dass er verflucht worden war, tagsüber ein Löwe und nachts ein Mann zu sein. Ein Zauberer, der im Haus lebte, hatte ihre Tiere genommen, weil sie dem Löwen geholfen hatte.

Das mutige Mädchen konfrontierte den Zauberer, der ihr zustimmte, den Fluch aufzuheben, wenn sie aus dem Haar einer Prinzessin einen Mantel machen würde. Sie bekam das Haar der Prinzessin, indem sie versprach, ihr einen Prinzen zu finden. Sie machte den Mantel und der Zauberer hob den Fluch auf.

Der junge Mann und die Prinzessin heirateten und bekamen ein Kind, das König werden würde. Das mutige Mädchen hatte noch weitere Abenteuer vor sich, die auf einen anderen Tag warteten.

Den sårede løve

Engang for længe siden passede en fattig pige byens køer. En dag hørte hun en trist lyd og fandt en løve med en torn i sin pote. Bange men venlig fjernede hun torneen. Løven takkede hende, men da hun vendte tilbage til køerne, var de væk.

Bondebonden var vred og tvang hende til at passe på får i stedet. Et år senere fandt hun den samme løve med en torn igen. Hun hjalp den, men fårne forsvandt også. Bonden tvang hende til at passe på svin.

Endnu et år gik, og hun fandt løven med en torn for tredje gang. Svinene forsvandt også. Fast besluttet på at løse mysteriet, så hun en ung mand forsvinde nær en klippe og en løve dukke op senere.

Pigen fandt en hemmelig indgang i klippen og mødte den unge mand i et stort hus. Han sagde, at han var forbandet til at være en løve om dagen og en mand om natten. En troldmand, der boede i huset, tog hendes dyr, fordi hun hjalp løven.

Den modige pige konfronterede troldmanden, der accepterede at ophæve forbandelsen, hvis hun lavede en frakke af en prinsesses hår. Hun fik prinsessens hår ved at love at finde hende en prins. Hun lavede frakken, og troldmanden ophævede forbandelsen.

Den unge mand og prinsessen blev gift og fik et barn, der skulle være konge. Den modige pige fortsatte med at have flere eventyr, gemt til en anden dag.

Zwei Brüder und das magische Samenkorn

Vor langer Zeit lebten in Korea zwei Brüder mit ihrem Vater. Der jüngere Bruder war freundlich, während der ältere arrogant war. Ihr Vater erinnerte sie immer daran, "was du säst, wirst du ernten". Als er starb, bat er sie, das Land zu teilen, aber der ältere Bruder nahm alles und ließ den jüngeren mit nichts zurück.

Der jüngere Bruder fand ein unerwünschtes Stück Land, pflanzte Reis und baute ein kleines Haus. Als seine Reisernte fehlschlug, bat er seinen älteren Bruder um Hilfe, wurde jedoch abgewiesen. Eines Tages rettete er ein Baby-Schwalbenjunges vor einer Schlange. Später ließ die Schwalbe ein Samenkorn fallen, das zu einer Rankpflanze mit Melonen voller Goldmünzen heranwuchs.

Die Familie des jüngeren Bruders wurde reich, und der ältere Bruder war eifersüchtig. Er versuchte, einen magischen Vogel zu finden, aber fand einen mit gebrochenem Bein. Als der Vogel geheilt war, ließ er ein Samenkorn fallen, das zu Melonen heranwuchs, aber sie waren mit schädlichen Kreaturen gefüllt, die das Haus und den Hof des älteren Bruders zerstörten.

Der ältere Bruder wurde arm und wanderte umher, bis er seinen jüngeren Bruder traf, der ihm anbot, zusammenzuarbeiten, wie es ihr Vater gewollt hatte. Sie arbeiteten hart, teilten alles und erinnerten sich daran, dass "was du säst, wirst du ernten".

To Brødre og Den Magiske Frø

For længe siden i Korea boede to brødre sammen med deres far. Den yngre bror var venlig, mens den ældre var arrogant. Deres far mindede dem altid om, "Hvad du sår, skal du høste." Da han døde, bad han dem om at dele jorden, men den ældre bror tog alt og efterlod den yngre ingenting.

Den yngre bror fandt noget uønsket land, plantede ris og byggede et lille hus. Da hans risafgrøde mislykkedes, bad han sin ældre bror om hjælp, men blev afvist. En dag reddede han en baby svalerede fra en slange. Senere tabte svalen et frø, som voksede op til en vin med meloner fyldt med guldpenge.

Den yngre broders familie blev rig, og den ældre bror var misundelig. Han forsøgte at finde en magisk fugl, men fandt en med et brækket ben. Da fuglen healede, tabte den et frø, som voksede op til meloner, men de var fyldt med skabninger, der ødelagde den ældre broders hus og gård.

Den ældre bror blev fattig og vandrede, indtil han mødte sin yngre bror, som tilbød at arbejde sammen, som deres far ønskede det. De arbejdede hårdt, delte alt og huskede, at "Hvad du sår, skal du høste".

Wind und Sonne

Eines Tages sagte ein stolzer Wind zur Sonne: "Ich bin das stärkste aller Wetter!" Die Sonne antwortete: "Jedes Wetter kann stark sein."

Der Wind widersprach und schlug einen Wettbewerb vor: Wer es schafft, dass die Menschen mehr Kleidung ausziehen, würde als der Stärkere gelten. Die Sonne stimmte zu und ließ den Wind den Anfang machen. Der Wind blies stark und ließ Hüte fliegen und Menschen ihre Jacken festhalten. Nachdem er Chaos verursacht hatte, hatte der Wind die Menschen aber nicht dazu gebracht, ihre Kleidung auszuziehen.

Als Nächstes wärmte die Sonne die Erde, und die Menschen begannen, Schuhe, Socken, Hemden und Jacken auszuziehen. Einige zogen sogar ihre Hosen aus, um kühl zu bleiben.

Als der Wind den Erfolg der Sonne sah, wurde er wütend und änderte das Wetter zurück zu windig. Die Menschen zogen schnell ihre Kleidung an und gingen hinein. Der Wind konnte nicht glauben, dass die Sonne gewonnen hatte.

Die anderen Wettertypen jubelten für die Sonne, aber die Sonne stoppte sie und erklärte, dass alle Wetterarten wichtig sind und zusammenarbeiten, um Jahreszeiten zu schaffen, Pflanzen wachsen zu lassen und Licht und Schatten zu bieten.

Die Sonne teilte den Sieg mit dem Wind und lehrte, dass jeder anders ist und Teamarbeit wichtig ist. Von nun an arbeiteten alle Wettertypen zusammen und schätzten die Stärken des anderen.

Den Vind og Solen

Engang sagde en stolt vind til solen: "Jeg er den stærkeste af alt vejr!" Solen svarede: "Al slags vejr kan være stærkt."

Vinden var ikke enig og foreslog en konkurrence: den, der kunne få mennesker til at tage flere tøj af, ville være den stærkeste. Solen gik med til det og lod vinden begynde først. Vinden blæste hårdt, så hatte fløj af og folk holdt fast i deres jakker. Men til trods for at skabe kaos, havde vinden ikke fået folk til at tage tøj af.

Solen var nu oppe og varmede Jorden op, og folk begyndte at tage af deres sko, sokker, skjorter og jakker. Nogle fjernede endda deres bukser for at holde sig kølige.

Da solen var færdig, så den ned på Jorden og så mennesker i deres underbukser. Vinden blev sur og ændrede hurtigt vejret til blæsende. Folk trak hurtigt deres tøj på og gik indendørs. Vinden kunne ikke tro, at solen havde vundet.

De andre vejrtyper heppede på solen, men solen stoppede dem og forklarede, at alle vejrtyper var vigtige og arbejdede sammen for at skabe årstider, hjælpe planter til at vokse og give lys og skygge.

Solen delte sejren med vinden og lærte, at alle er forskellige, og teamwork er vigtigt. Fra da af arbejdede alle vejrtyper sammen og værdsatte hinandens styrker.

Die Schildkröte und das Kaninchen

Es war einmal ein fröhliches Kaninchen namens Tim und eine ruhige Schildkröte namens George. Tim liebte es, schnell herumzulaufen, während George es genoss, sein Essen langsam zu essen. Eines Tages hatten sie eine Meinungsverschiedenheit. "Ich bin das schnellste Tier überhaupt", sagte Tim. "Ich bin schneller als ein Gepard, ein Känguru und sogar andere Kaninchen!"

"Hör auf zu prahlen", seufzte George. "Du wirst noch Ärger bekommen."

Tim ignorierte George und bestand darauf, ein Rennen zu veranstalten, um seine Geschwindigkeit zu beweisen. George stimmte zu, und sie baten Oliver, die weise alte Eule, das Rennen zu organisieren.

Am nächsten Tag versammelten sich alle Tiere, um das Rennen zu sehen. "Bereit, los!" sagte Oliver. Tim das Kaninchen rannte los, während George die Schildkröte seine langsame Reise begann.

Tim war so weit voraus, dass er beschloss, ein Nickerchen zu machen. George hingegen hielt an seinem langsamen Tempo fest, überholte Sehenswürdigkeiten und überholte schließlich den schlafenden Tim. George erreichte die Ziellinie, und alle Tiere jubelten ihm zu.

Das Geräusch weckte Tim, der schnell zur Ziellinie lief, nur um George mit einer Siegermedaille zu finden. Tim konnte es nicht glauben und beschuldigte George des Betrugs.

"Kein Betrug", sagte Oliver die weise alte Eule. "George hat fair gewonnen. Er hat nicht aufgegeben und ist als Erster ins Ziel gekommen." Tim fühlte sich traurig, aber George versuchte ihn aufzumuntern. "Es ist nur ein Rennen, Tim. Bleiben wir Freunde, und ich bin sicher, dass du beim nächsten Mal gewinnen wirst."

Von da an blieben sie beste Freunde, und Tim das Kaninchen prahlte nie wieder.

Skildpadden og kaninen

Engang var der en glad kanin ved navn Tim og en rolig skildpadde ved navn George. Tim kaninen elskede at løbe hurtigt rundt, mens George skildpadden nød at spise sin mad langsomt. En dag havde de en uenighed. "Jeg er det hurtigste dyr nogensinde," sagde Tim. "Jeg er hurtigere end en gepard, en kænguru og endda andre kaniner!"

"Hold op med at prale," sukkede George. "Du ender i problemer."

Uanset hvad George sagde, insisterede Tim på at arrangere et løb for at bevise sin hastighed. George accepterede, og de bad Oliver, den vise gamle ugle, om at organisere løbet.

Næste dag samledes alle dyrene for at se løbet. "Klar, parat, start!" sagde Oliver. Tim kaninen skyndte sig væk, mens George skildpadden begyndte sin langsomme rejse.

Tim var så langt foran, at han besluttede at tage en lur. George fortsatte dog i sit eget tempo, passerede landemærker og overhalede til sidst den sovende Tim. George nåede målstregen, og alle dyrene hujede for ham.

Larmen vækkede Tim, der hurtigt løb til målstregen, kun for at finde George iført en vindermedalje. Tim kunne ikke tro det og beskyldte George for at snyde.

"Ingen snyd," sagde Oliver den vise gamle ugle. "George vandt fair og square. Han fortsatte og gav aldrig op og endte med at vinde." Tim følte sig trist, men George forsøgte at opmuntre ham. "Det er bare et løb, Tim. Lad os være venner, og jeg er sikker på, at du vinder næste gang."

Fra da af forblev de bedste venner, og Tim kaninen pralede aldrig igen.

Die drei kleinen Schweinchen

Eines Tages sagte Mama Schwein zu ihren drei kleinen Schweinchen, dass sie rausgehen und ihre eigenen Häuser bauen sollten. Das erste kleine Schwein traf einen Mann mit Stroh und bat ihn, etwas zu kaufen, um sein Haus zu bauen. Das zweite kleine Schwein traf einen Mann mit Stöcken und kaufte etwas, um sein Haus zu bauen. Das dritte kleine Schwein traf einen Mann mit Ziegeln und entschied sich, ein starkes Haus zu bauen.

Bald waren die Häuser aus Stroh und Stöcken fertig, während das Ziegelhaus etwas länger dauerte. Als ein hungriger Wolf kam, versuchte er, das Haus des ersten kleinen Schweins aus Stroh umzublasen. Das Schwein entkam in das Haus des zweiten kleinen Schweins. Der Wolf blies das Strohhaus nieder, und beide Schweine rannten zum Haus des dritten kleinen Schweins.

Der Wolf konnte das Ziegelhaus nicht umblasen, also versuchte er, durch den Schornstein zu klettern. Das kluge dritte Schwein kochte einen Topf Wasser, und als der Wolf hineinfiel, bekam er Angst und rannte weg. Die drei kleinen Schweinchen lebten glücklich zusammen im starken Ziegelhaus.

De Tre Små Grise

En dag sagde Mama Gris til sine tre små grise, at de skulle ud og bygge deres egne huse. Den første lille gris mødte en mand med halm og bad om at købe noget for at bygge sit hus. Den anden lille gris mødte en mand med pinde og købte nogle til at bygge sit hus. Den tredje lille gris mødte en mand med mursten og besluttede at bygge et stærkt hus.

Snart var huse af halm og pinde færdige, mens murstenshuset tog lidt længere tid. Da en sulten ulv kom, forsøgte han at blæse det første lille grises halmhus ned. Grisen undslap til den anden lille gris' hus. Ulven blæste også det lille grises hus af pinde ned, og begge grise flygtede til den tredje lille gris' hus.

Ulven kunne ikke blæse murstenshuset ned, så han forsøgte at klatre ned gennem skorstenen. Den kloge tredje gris kogte en gryde med vand, og da ulven faldt i, blev han bange og løb væk. De tre små grise boede lykkeligt sammen i det stærke murstenshus.

Die Drei Fische

Einmal lebten drei Fische in einem See. Eines Abends kamen einige Menschen am See vorbei und sahen die Fische.

"Dieser See hat viele Fische", sagten sie zueinander. "Wir waren noch nie hier. Wir sollten morgen mit unserer Ausrüstung wiederkommen und sie fangen!" Als der älteste Fisch das hörte, war er besorgt.

Er sagte zu den anderen: "Habt ihr gehört, was die Menschen gesagt haben? Wir müssen diesen See jetzt verlassen. Sie werden morgen zurückkehren und uns alle fangen!"

Der zweite Fisch stimmte zu. "Du hast recht. Wir müssen gehen."

Der jüngste Fisch lachte. "Macht euch keine Sorgen. Wir leben hier schon immer, und niemand ist je gekommen. Warum sollten sie zurückkehren? Ich bleibe hier. Mein Glück wird mich beschützen."

Der älteste Fisch verließ den See sofort mit seiner Familie.

Am nächsten Morgen sah der zweite Fisch die Menschen kommen und verließ den See schnell mit seiner Familie.

Der dritte Fisch weigerte sich immer noch zu gehen und vertraute auf sein Glück. Bald kamen die Menschen an und fingen alle Fische, die noch im See waren.

Das Glück des dritten Fisches konnte ihn nicht retten: Er wurde auch gefangen.

Die Lehre aus dieser Geschichte ist, schnell zu handeln, wenn man Gefahr sieht.

De Tre Fisk

En gang levede der tre fisk i en sø. En aften passerede nogle mennesker forbi søen og så fiskene.

"Denne sø har mange fisk," sagde de til hinanden. "Vi har aldrig været her før. Vi skal komme tilbage i morgen med vores udstyr og fange dem!" Da den ældste fisk hørte dette, blev han bekymret.

Han fortalte de andre: "Har I hørt, hvad menneskene sagde? Vi må forlade denne sø nu. De vil vende tilbage i morgen og fange os alle sammen!"

Den anden fisk var enig. "Du har ret. Vi må forlade søen."

Den yngste fisk lo. "Vær ikke bekymret. Vi har levet her altid, og ingen har nogensinde kommet. Hvorfor skulle de vende tilbage? Jeg bliver her. Min held vil beskytte mig."

Den ældste fisk forlod søen med det samme med sin familie.

Næste morgen så den anden fisk menneskene komme og forlod hurtigt søen med sin familie.

Den tredje fisk nægtede stadig at forlade søen og stolede på sit held. Snart ankom menneskene og fangede alle de fisk, der var tilbage i søen.

Den tredje fisks held reddede ham ikke: Han blev også fanget.

Lektionen i denne historie er at handle hurtigt, når man ser farer på vej.

Drei bunte Freunde

Einmal gab es drei schöne Freunde: einen roten, einen gelben und einen weißen Schmetterling. Sie spielten immer zusammen.

Eines Tages tauchten dunkle Wolken auf, und sie wussten, dass Regen kommen würde. Sie suchten nach einem trockenen Platz.

Sie fanden eine weiße Lilie und fragten, ob sie sich unter ihren Blütenblättern verstecken könnten.

"Nur der weiße Schmetterling darf bleiben", sagte die Lilie. "Es passt zu meiner Farbe!"

Sie gingen zu einer größeren Lilie und fragten erneut.

"Die gelben und roten Schmetterlinge dürfen bleiben, aber nicht der weiße", sagte die Lilie. "Er passt nicht zu mir!"

Die Freunde entschieden sich: "Alle drei von uns oder keiner von uns!"

Als die Sonne ihre starke Bindung sah, lugte sie durch die Wolken und vertrieb den Rege

Tre Farverige Venner

Engang var der tre dejlige venner: en rød, en gul og en hvid sommerfugl. De legede altid sammen.

En dag dukkede der mørke skyer op, og de vidste, at regnen var på vej. De ledte efter et sted at blive tørre.

De fandt en hvid lilje og bad om at gemme sig under dens kronblade.

"Kun den hvide sommerfugl må blive," sagde liljen. "Den matcher min farve!"

De flyttede til en større lilje og bad igen.

"Den gule og røde sommerfugl kan blive, men ikke den hvide," sagde liljen. "Den passer ikke til mig!"

Vennerne besluttede, "Alle tre af os, eller ingen af os!"

Da solen så deres stærke bånd, brød den igennem skyerne og jagede regnen væk.

Die kluge Füchsin und ihre Tricks

Es war einmal eine hinterhältige Füchsin auf der Suche nach Futter. Sie sah einen mit Fisch beladenen Wagen auf der Straße kommen. Schnell gab sie vor, mitten auf der Straße tot zu sein.

Der Mann, der den Wagen fuhr, sah sie und dachte, sie sei wirklich tot. Er legte sie auf die Fische im Wagen. Als der Wagen weiterfuhr, schob die Füchsin die Fische vom Wagen herunter und sammelte sie ein, um sie zu essen.

Während sie aß, kam ein Bär und bat um etwas Fisch. Die Füchsin trickste den Bären aus, indem sie ihm sagte, er solle seinen Schwanz in einen Teich tauchen, um Fische zu fangen. Der Bär tat, wie ihm gesagt wurde, aber das Wasser fror, und er verlor seinen Schwanz.

Wütend versuchte der Bär, die Füchsin zu fangen, aber sie war zu schlau. Sie versteckte sich in einem hohlen Baum und verhöhnte ihn immer weiter. Der Bär konnte sie nicht fangen, und die Füchsin genoss ihren Sieg, indem sie sowohl den Mann als auch den Bären übertölpelte.

Den snedige ræv og hendes tricks

Engang var der en snedig ræv, der ledte efter mad. Hun så en vogn fyldt med fisk komme ned ad vejen. Hun besluttede sig hurtigt for at lade som om, hun var død midt på vejen.

Manden, der kørte vognen, så hende og troede, hun virkelig var død. Han satte hende på toppen af fiskene i vognen. Mens vognen bevægede sig, skubbede ræven fiskene ned og samlede dem op for at spise dem.

Mens hun spiste, kom en bjørn og bad om nogle fisk. Ræven narrede bjørnen og sagde, at han skulle dyppe sin hale i en dam for at fange fisk. Bjørnen gjorde som fortalt, men vandet frøs til is, og han mistede sin hale.

Vred forsøgte bjørnen at fange ræven, men hun var for snedig. Hun gemte sig i et hult træ og fortsatte med at håne ham. Bjørnen kunne ikke fange hende, og ræven nød sin sejr, efter at have udmanøvreret både manden og bjørnen.

Die Magische Vogel

Vor langer Zeit lebten Jack und Lily in einem wunderschönen Garten namens Traumland. Sie hatten ein perfektes Leben mit schöner Umgebung und Tieren. Sie hatten alles, was sie brauchten, außer einer Regel: Sie durften nicht von dem Baum der Geheimnisse essen.

Viele Jahre lang genossen Jack und Lily Traumland und gingen niemals in die Nähe des Baumes. Aber eines Tages fing Lily an, über den Baum und seine Früchte nachzudenken. Sie konnte der Versuchung nicht widerstehen, aß die Frucht und Jack und Lily lernten die schlechte Seite des Lebens kennen. Sie mussten Traumland verlassen, und ihr perfektes Leben war vorbei.

Aber unter dem Baum wurde ein besonderer Vogel geboren, mit erstaunlichen Federn und Gesang. Jack und Lily wurden von einem Wächter mit einem mächtigen Schwert weggeschickt. Ein Funke des Schwerts landete auf dem Nest des Vogels, und obwohl das Nest verbrannte, schlüpfte ein neuer Vogel aus dem Ei.

Dieser einzigartige Vogel, der Magische Vogel genannt wird, bleibt bei den Menschen, unsichtbar aber präsent. Er verbreitet Glück, Licht und Schönheit in den Leben der Menschen. Der Vogel erneuert sich jedes Jahr, indem er aus seiner eigenen Asche steigt, stärker und schöner.

Der Magische Vogel besucht junge Kinder und gibt ihnen Freude und Hoffnung, bevor sie sich den Herausforderungen des Lebens stellen. Wie der Vogel müssen auch wir aus schwierigen Zeiten aufsteigen und wieder Glück finden.

Den Magiske Fugl

Engang for længe siden boede Jack og Lily i en fantastisk have kaldet Drømmeland. De havde et perfekt liv med smukke omgivelser og dyr. De havde alt, hvad de havde brug for, undtagen én regel: de måtte ikke spise frugt fra Træet med Hemmeligheder.

I mange år nød Jack og Lily livet i Drømmeland uden at nærme sig træet. Men en dag begyndte Lily at spekulere på træet og dets frugt. Fristet spiste hun frugten, og både Jack og Lily lærte om livets dårlige side. De blev tvunget til at forlade Drømmeland, og deres perfekte liv var forbi.

Men en særlig fugl blev født under træet, med fantastiske fjer og sang. Jack og Lily blev sendt væk af en vogter med et magtfuldt sværd. En gnist fra sværdet landede på fuglens rede, og selvom reden brændte, kom en ny fugl ud af et æg.

Denne unikke fugl, kaldet Den Magiske Fugl, er usynlig, men til stede. Den spreder glæde, lys og skønhed i menneskers liv. Fuglen fornyer sig selv hvert år, idet den rejser sig fra sine egne aske, stærkere og smukkere.

Den Magiske Fugl besøger små børn og giver dem glæde og håb, inden de står over for livets udfordringer. Ligesom fuglen må vi også rejse os fra hårde tider og finde glæden igen.

Die kleine Mädchen und die Maus

Es war einmal in einer schönen Stadt in Polen, wo ein mutiges kleines Mädchen mit ihrer Familie lebte. Sie liebte Tiere und hatte vor fast nichts Angst. Nun ja, fast nichts. Das kleine Mädchen und ihr älterer Bruder liebten es, mehr über Tiere zu lernen und spielten Spiele, um ihr Wissen zu testen. Aber es gab eine Sache, vor der der Bruder Angst hatte: Mäuse. Das kleine Mädchen bemerkte das und wurde auch vor Mäusen ängstlich.

Eines Sommertages besuchte das kleine Mädchen seine Großeltern auf dem Land. Sie verbrachte gerne Zeit mit ihnen, erkundete den Wald und die Felder. Eines Tages sah das kleine Mädchen in der Küche eine Maus und schrie vor Angst. Ihre Großmutter fragte sie, warum sie vor dem winzigen Wesen Angst hatte.

Das kleine Mädchen erklärte, dass es gelernt hatte, vor Mäusen Angst zu haben, von ihrem Bruder. Ihre Großmutter sagte ihr, dass sie keine Angst vor Dingen haben solle, die keinen guten Grund dazu haben. Sie teilte eine Geschichte aus ihrer eigenen Kindheit während des Krieges, in der sie von Mäusen lernen und überleben konnte. Das kleine Mädchen hörte aufmerksam zu und begann, Mäuse in einem anderen Licht zu sehen.

Als sie eine Maus über den Küchenboden huschen sah, versprach sich das kleine Mädchen, dass es Mäuse freundlicher denken würde. Sie beschloss, die Geschichte ihrer Großmutter mit ihrem Bruder zu teilen, damit auch er sehen konnte, dass Mäuse gar nicht so beängstigend sind.

Den lille pige og musen

Engang for længe siden boede der en modig lille pige med sin familie i en dejlig by i Polen. Hun elskede dyr og var ikke bange for noget. Nå, næsten ikke noget. Den lille pige og hendes ældre bror elskede at lære om dyr og spillede spil for at teste deres viden. Men der var en ting, broren var bange for: mus. Den lille pige bemærkede det og blev også bange for mus.

En sommer besøgte den lille pige sine bedsteforældre på landet. Hun nød at tilbringe tid med dem, udforske skoven og markerne. En dag i køkkenet så den lille pige en mus og skreg af frygt. Hendes bedstemor spurgte hende, hvorfor hun var bange for det lille væsen.

Den lille pige forklarede, at hun havde lært at være bange for mus af sin bror. Hendes bedstemor fortalte hende, at hun ikke skulle være bange for ting uden en god grund. Hun delte en historie fra sin egen barndom under en krig, hvor det at se og lære af mus havde hjulpet hende med at overleve. Den lille pige lyttede opmærksomt og begyndte at se mus i et andet lys.

Mens hun så en mus skynde sig henover køkkengulvet, lovede den lille pige sig selv, at hun ville tænke på mus mere venligt. Hun besluttede sig for at dele sin bedstemors historie med sin bror, så han også kunne se, at mus slet ikke var så skræmmende endda.

Geheimnis des Bauernhofs

Es war einmal in einer kleinen Stadt in Pakistan ein alter Bauer mit vier faulen Söhnen. Der Bauer war freundlich und fleißig, aber seine Söhne bereiteten ihm immer Ärger und halfen nie bei der Arbeit auf dem Bauernhof. Als der Bauer schwächer wurde, sorgte er sich um die Zukunft seiner Söhne.

Eines Tages erkrankte der Bauer und wusste, dass er nicht mehr lange zu leben hatte. Er versammelte seine Söhne und erzählte ihnen von einem versteckten Schatz, der irgendwo auf dem Bauernhof begraben war. Er sagte, dass sie, wenn sie den Schatz finden, reich sein und nicht mehr arbeiten müssten. Sie müssten den Schatz zu ihrem Onkel bringen, um ihn gleichmäßig unter sich aufzuteilen.

Nachdem der Bauer gestorben war, begannen die Brüder nach dem Schatz zu suchen. Sie gruben jeden Feld auf dem Bauernhof um, konnten ihn aber nicht finden. Schließlich bemerkten sie, dass sie den Boden für das Aussäen von Samen vorbereitet hatten. Sie säten Samen, gossen sie und ernteten bald ihre Ernte. Sie verkauften die Ernte auf dem Markt und verdienten viel Geld.

Die Brüder brachten das Geld zu ihrem Onkel, der es gleichmäßig unter ihnen aufteilte. Ihr Onkel erklärte ihnen, dass der eigentliche Schatz der Bauernhof selbst sei. Von diesem Zeitpunkt an arbeiteten die Brüder hart auf dem Bauernhof, wurden reicher und lernten den Wert von Disziplin, Respekt und harter Arbeit kennen. Der geheime Schatz ihres Vaters hatte ihnen wichtige Lektionen gelehrt und sie einander näher gebracht.

Gårdejerens hemmelighed

Engang i en lille by i Pakistan boede der en gammel gårdejer med fire dovne sønner. Gårdejeren var venlig og hårdtarbejdende, men hans sønner var altid i problemer og hjalp aldrig til på gården. Da gårdejeren blev svagere, bekymrede han sig om sine sønners fremtid.

En dag blev gårdejeren syg og vidste, at han ikke havde lang tid tilbage. Han samlede sine sønner og fortalte dem om en skjult skat, der var begravet et sted på gården. Han sagde, at hvis de fandt skatten, ville de være velhavende og ikke skulle arbejde mere. De skulle tage skatten til deres onkel for at dele den ligeligt mellem dem.

Efter at gårdejeren var død, begyndte brødrene at lede efter skatten. De gravede hver mark på gården, men kunne ikke finde den. Til sidst lagde de mærke til, at de havde forberedt jorden til at så frø. De såede frøene, vandede dem, og snart høstede de deres afgrøder. De solgte afgrøderne på markedet og tjente mange penge.

Brødrene tog pengene til deres onkel, der delte dem ligeligt mellem dem. Deres onkel fortalte dem, at den rigtige skat var selve gården. Fra da af arbejdede brødrene hårdt på gården, blev rigere og lærte værdien af disciplin, respekt og hårdt arbejde. Deres fars hemmelige skat havde lært dem vigtige lektioner og bragt dem tættere sammen.

Der Magische Spiegel

Ein König wollte eine Frau finden und bat seinen vertrauten Friseur um Hilfe. Der Friseur hatte einen besonderen Spiegel, der das wahre Wesen einer Person zeigen konnte. Wenn jemand in den Spiegel schaute und schlechte Dinge getan hatte, würde der Spiegel Flecken zeigen.

Die Nachricht verbreitete sich, und jeder fragte sich, wer mutig genug sein würde, in den Spiegel zu schauen. Überraschenderweise trat niemand vor. Der König war traurig und fragte sich, ob er jemals eine Frau finden würde.

Eines Tages erwähnte der Friseur eine bescheidene Schäferin, die bereit sein könnte, in den Spiegel zu schauen. Der König lud sie an seinen Hof ein. Vor allen Leuten bat der König sie, in den Spiegel zu schauen. Die Schäferin gab zu, dass sie Fehler gemacht hatte, aber sie hatte keine Angst.

Als sie in den Spiegel schaute, gab es keine Flecken. Die anderen Damen am Hofe nahmen den Spiegel und sahen ebenfalls keine Flecken. Sie behaupteten, der Spiegel sei nicht magisch.

Der König enthüllte, dass der Spiegel nicht magisch war, aber die Tapferkeit und Ehrlichkeit der Schäferin machten sie zur besten Wahl als seine Königin. Die Schäferin wurde zur Königin, und der König wusste, dass er die beste Person gefunden hatte, um sein Leben zu teilen.

Den Magiske Spejl

En konge ønskede at finde en kone, så han bad sin betroede barber om hjælp. Barberen havde et specielt spejl, der kunne vise en persons sande karakter. Hvis nogen kiggede ind i det og havde gjort dårlige ting, ville spejlet vise pletter.

Nyheden spredte sig, og alle spekulerede på, hvem der ville være modig nok til at se ind i spejlet. Overraskende trådte ingen frem. Kongen var trist og spekulerede på, om han nogensinde ville finde en kone.

En dag nævnte barberen en ydmyg hyrde-pige, som måske ville være villig til at se ind i spejlet. Kongen inviterede hende til sit hof. Foran alle bad kongen hende om at se ind i spejlet. Hyrde-pigen indrømmede, at hun havde begået fejl, men hun var ikke bange.

Mens hun kiggede ind i spejlet, var der ingen pletter. De andre damer i hoffet tog spejlet og så heller ingen pletter. De hævdede, at spejlet ikke var magisk.

Kongen afslørede, at spejlet ikke var magisk, men hyrde-pigens mod og ærlighed gjorde hende til det bedste valg som hans dronning.
Hyrde-pigen blev dronningen, og kongen vidste, at han havde fundet den bedste person at dele sit liv med.

Die Frau und das Biest

Vor langer Zeit lebte in einer kleinen französischen Stadt ein armer Kaufmann mit seiner Tochter Belle. Eines Tages musste der Kaufmann auf eine Reise gehen und Belle blieb allein zu Hause. Als er zurückkehrte, war er müde und fand ein verzaubertes Schloss, in dem er sich ausruhen konnte.

Er betrat das Schloss, aß eine Mahlzeit und schlief. Am nächsten Morgen fand er einen wunderschönen Rosenstrauch im Garten und dachte, dass Belle eine Rose lieben würde. Als er eine pflückte, erschien ein furchteinflößendes Biest, wütend über die gestohlene Rose.

Gerade in diesem Moment kam Belle, besorgt um ihren Vater, an. Das Biest stimmte zu, den Kaufmann gehen zu lassen, aber nur wenn Belle für immer bei ihm bleiben würde. Belle stimmte zu und ihr Vater ging.

Zunächst hatte Belle Angst vor dem Biest, aber sie erkannte, dass er ein gutes Herz hatte. Das Biest verliebte sich in Belle und bat sie, ihn zu heiraten, aber Belle vermisste ihren Vater und wollte ihn sehen. Das Biest zeigte ihr einen magischen Spiegel, in dem sie ihren kranken Vater sah. Belle bat das Biest, sie besuchen zu dürfen, und es stimmte zu.

Nachdem sie ihrem Vater geholfen hatte, hatte Belle einen Traum, dass das Biest krank sei. Sie eilte zurück zum Schloss und fand es im Bett liegend. Sie sagte dem Biest, dass sie ihn liebte, und plötzlich verwandelte er sich in einen hübschen Prinzen. Der Fluch, dem er unterlag, war durch wahre Liebe gebrochen worden. Das Paar heiratete und lebte glücklich bis ans Ende seiner Tage.

Kvinden og Udyret

For længe siden levede en fattig købmand med sin datter, Belle, i en lille fransk by. En dag skulle købmanden ud at rejse, og Belle blev hjemme alene. Da han vendte tilbage, var han træt og fandt et fortryllet slot, hvor han kunne hvile sig.

Han gik ind i slottet, spiste et måltid og sov. Næste morgen fandt han en smuk rosebusk i haven og tænkte, at Belle ville elske en rose. Da han plukkede en, dukkede et frygtindgydende dyr, Udyret, op og blev vred over den stjålne rose.

Lige i det øjeblik ankom Belle, bekymret for sin far. Udyret sagde, at han ville lade købmanden gå, men kun hvis Belle blev hos ham for evigt. Belle accepterede, og hendes far tog afsted.

I starten var Belle bange for Udyret, men hun indså, at han havde et venligt hjerte. Udyret blev forelsket i Belle og bad hende om at gifte sig med ham, men Belle savnede sin far og ville gerne se ham. Udyret viste hende et magisk spejl, der afslørede hendes syge far. Belle bad Udyret om at lade hende besøge sin far, og han accepterede.

Efter at have hjulpet sin far med at komme sig, havde Belle en drøm om, at Udyret var syg. Hun skyndte sig tilbage til slottet og fandt ham i sengen. Hun fortalte Udyret, at hun elskede ham, og pludselig forvandlede han sig til en smuk prins. Den forbandelse, han var underlagt, blev brudt af den ægte kærlighed. Parret giftede sig og levede lykkeligt til deres dages ende.

Ehrlichkeit zählt

Es war einmal ein Junge namens Tim, der Sohn eines Bauern. Tim hatte die schlechte Angewohnheit, seiner Familie und seinen Freunden zu lügen. Er erfand Geschichten über Monster, täuschte gefährliche Tiere vor oder gab vor, krank zu sein, um Arbeit zu vermeiden.

Tims tägliche Aufgabe bestand darin, die Kühe seines Vaters auf eine nahegelegene Wiese zu bringen. Er fand diese Arbeit langweilig und wünschte sich ein aufregenderes Leben. Langeweile und Frustration führten dazu, dass Tim Lügengeschichten erfand.

Eines Tages beschloss Tim, die Bewohner der Stadt hereinzulegen. Er gab vor, von einem Löwen angegriffen worden zu sein und schrie um Hilfe. Die Bewohner der Stadt eilten herbei, um ihm zu helfen, aber sie fanden ihn nur über seinen Scherz lachen. Sie waren enttäuscht und warnten ihn davor, dies nicht noch einmal zu tun. Aber Tim hörte nicht auf sie.

Ein paar Tage später spielte Tim denselben Trick. Wieder eilten die Bewohner der Stadt, um ihm zu helfen, aber sie fanden Tim nur lachend vor. Sie waren wütend, und Tims Vater musste sich für das Verhalten seines Sohnes entschuldigen.

Am nächsten Tag hörte Tim ein Rascheln hinter sich, als er die Kühe beobachtete. Zu seinem Entsetzen erschien ein echter Löwe! Tim versuchte zu fliehen, aber der Löwe versperrte ihm den Weg. Er schrie um Hilfe, aber dieses Mal kam niemand, um ihm zu helfen.

Leider wurde Tim vom Löwen getötet. Seine Lügen hatten dazu geführt, dass die Bewohner ihm nicht mehr vertrauten und ihm, als er wirklich Hilfe brauchte, niemand glaubte. Diese Geschichte lehrt uns die Bedeutung von Ehrlichkeit und die Konsequenzen des Lügens.

Ærlighed betyder noget

Engang var der en dreng ved navn Tim, søn af en bonde. Tim havde en dårlig vane med at lyve for sin familie og venner. Han ville opfinde historier om monstre, udgive sig for at have set farlige dyr eller lade som om, han var syg for at undgå arbejde.

Tims daglige opgave var at føre sin fars køer til at græsse i en nærliggende eng. Han fandt denne opgave kedelig og ønskede sig et mere spændende liv. Kedsomhed og frustration førte Tim til at skabe usande historier.

En dag besluttede Tim at spille et puds på byboerne. Han udgav sig for at blive angrebet af en løve og råbte om hjælp. Byboerne skyndte sig for at redde ham, men fandt ham kun grine af sin vittighed. De var skuffede og advarede ham om ikke at gøre det igen. Men Tim lyttede ikke.

Nogle dage senere spillede Tim samme trick. Igen skyndte byboerne sig for at hjælpe, men fandt Tim grinende af dem. De var rasende, og Tims far måtte undskylde for sin søns adfærd.

Dagen efter, mens Tim passede køerne, hørte han en raslen bag sig. Til hans rædsel dukkede en rigtig løve op! Tim forsøgte at flygte, men løven blokerede hans vej. Han råbte om hjælp, men denne gang kom byboerne ikke for at redde ham.

Desværre blev Tim dræbt af løven. Hans løgne havde gjort byboerne mistroiske over for ham, og når han virkelig havde brug for hjælp, troede ingen på ham. Denne fortælling lærer os vigtigheden af ærlighed og konsekvenserne af at lyve.

Die Dämmerung des Drachen

Als die Dämmerung das Reich umhüllte, suchten die Ritter Aldric, Isabella und Lionel Schutz für die Nacht. Sie stießen auf eine verborgene Stadt im Schatten eines mächtigen, unheimlichen Berges.

Die Stadt war unglaublich still, mit allen Häusern verschlossen und ihren Bewohnern verborgen. Die Ritter fanden eine Herberge, in der sie Einlass fanden, und entdeckten die Bewohner der Stadt. Als sie ein Gespräch über einen furchterregenden Drachen belauschten, schworen die Ritter, das Ungeheuer zu konfrontieren, um die Bewohner zu schützen.

Sie folgten den Anweisungen der Bewohner und wanderten den Berg hinauf zum Drachennest. In der Höhle fanden sie eine beeindruckende Ansammlung von Edelsteinen und Gold. Erwarteten sie einen monströsen Drachen, waren sie erstaunt, als sie ein kleines Wesen entdeckten, das nicht größer als ein Hund war und schimmernde rubinrote Schuppen hatte.

Die Ritter hatten den Drachen falsch eingeschätzt, der beschuldigt worden war, die Stadt zu terrorisieren. Der Drache war sanftmütig und verbrachte seine Tage mit der Herstellung von Schmuck. Bestürzt über den Schaden, den die Ritter verursacht hatten, weinte der Drache über seine zerbrochene Brille.

Als sie ihren Fehler erkannten, führten die Ritter die skeptischen Bewohner in die Höhle. Als sie den kleinen weinenden Drachen sahen, erweichte das Herz der Bewohner, und sie boten an, ihr Heim zu reparieren und seine Brille zu reparieren.

Nachdem die wahre Natur des Drachen enthüllt wurde, machten sich die Ritter auf zu neuen Abenteuern und waren zuversichtlich, dass die Bewohner die Lektion gelernt hatten, andere nicht aufgrund von Gerüchten oder Erscheinungen zu beurteilen.

Dragens skumring

Dagen gik på hæld i kongeriget, da riddere Aldric, Isabella og Lionel, trætte af rejsen, søgte ly for natten. De stødte på en skjult by i skyggen af et højt og truende bjerg.

Byen var frygtelig stille, og alle hjem var låst og deres indbyggere gemt. Ridderne fandt et kro, hvor de blev lukket ind, og opdagede byboerne indenfor. Ved at lytte til en snak om en frygtindgydende drage, svor ridderne at konfrontere udyret for at beskytte byboerne.

Efter byboernes vejledning vandrede de op ad bjerget til dragens hule. Inde i hulen fandt de en forbløffende udstilling af juveler og guld. De forventede at finde en frygtindgydende drage, men blev chokerede over at opdage et lille væsen, ikke større end en hund, med skinnende rubinrøde skæl.

Ridderne havde misforstået dragen, som var blevet anklaget for at terrorisere byen. Dragen var venlig og brugte sine dage på at skabe smykker. Fortvivlet over den skade, ridderne havde forårsaget, græd dragen over sine ødelagte briller.

Da ridderne opdagede deres fejltagelse, førte de de skeptiske byboere til hulen. Da de så den lille grædende drage, blødte byboernes hjerter op, og de tilbød at hjælpe med at reparere dens hjem og briller.

Med dragens sande natur afsløret, fortsatte ridderne på nye eventyr, overbeviste om, at byboerne havde lært lektionen om ikke at dømme andre baseret på rygter eller udseende.

Eine Unendliche Freundschaft

Ein Hase und ein Fuchs waren enge Freunde. Jeden Morgen besuchte der Fuchs den Hasen in seinem Bau im Busch. Der Hase genoss die Gesellschaft des Fuchses, bemerkte jedoch nicht die wachsende Frustration des Fuchses, immer derjenige zu sein, der zu Besuch kam.

Die Faulheit des Hasen verwandelte den Fuchs in einen Feind. Eines Tages beschloss der Fuchs, dem Hasen eine Lektion zu erteilen. Er band heimlich einen Faden an das Bein des Hasen und seinen Schwanz. Nachdem er sich verabschiedet hatte, sprang der Fuchs in einen nahe gelegenen Bach. Der Faden zog den Hasen aus dem Busch und er fiel mit einem Spritzer ins Wasser!

Der Hase konnte nicht schwimmen und konnte den Faden trotz Anstrengungen nicht lösen. Schließlich ertrank er. Der Fuchs dachte, er habe dem Hasen eine Lektion erteilt, aber ein Raubvogel sah den schwimmenden Hasen von oben. Der Vogel griff nach seiner Beute und griff den Hasen mit seinen scharfen Klauen.

Der Fuchs erinnerte sich plötzlich an den Faden, der sie beide verband. Der Vogel trug sie beide auf einen hohen Ast. Es war dann, dass der Fuchs seinen Fehler erkannte. Indem er eine Falle für den Hasen gestellt hatte, hatte er auch sich selbst gefangen genommen.

Ein altes afrikanisches Sprichwort sagt: "Grab nicht zu tief ein Loch für deinen Feind, denn du könntest selbst hineinfallen."

En uendelig venskab

En kanin og en ræv var tætte venner. Hver morgen besøgte ræven kaninens hule i en busk. Kaninen nød rævens selskab, men lagde ikke mærke til rævens voksende frustration over altid at være den eneste, der besøgte.

Kaninens dovenskab fik ræven til at vende sig mod sin ven. En dag besluttede ræven at lære kaninen en lektion. Han bandt hemmeligt en snor til kaninens ben og sin egen hale. Efter at have sagt farvel, hoppede ræven i en nærliggende å. Snoren trak kaninen ud af busken, og han faldt i vandet med et plask!

Kaninen kunne ikke svømme og kunne ikke løsne snoren, selvom han kæmpede. Til sidst druknede han. Ræven troede, han havde lært kaninen en lektion, men en rovfugl så den flydende kanin oppefra. Fuglen dykkede ned for at fange sit måltid og greb kaninen med sine skarpe kløer.

Ræven huskede pludselig på snoren, der bundede dem sammen. Fuglen bar dem begge til en høj trægren. Det var her, ræven indså sin fejltagelse. Ved at sætte en fælde for kaninen havde han også fanget sig selv.

Et gammelt afrikansk ordsprog siger: "Grav ikke en for dyb grav til din fjende, for du kan selv falde i den."

Die drei Bären

In einem kleinen Haus in der Nähe des Waldes lebte ein Mädchen namens Lily mit ihrer Familie. Eines Morgens schickte ihre Mutter sie zum Sammeln von Brombeeren in den Wald. Während sie ging, stolperte Lily über eine Hütte und beschloss, zu sehen, ob sie dort Nahrung und Ruhe finden konnte.

In der Hütte fand sie drei Schüsseln mit Brei und drei Stühle. Die größte Schüssel war zu heiß und die mittlere zu kalt. Die kleinste Schüssel war genau richtig, also aß sie alles auf. Müde geworden, ging sie nach oben und probierte drei Betten aus. Das erste war zu hart, das zweite zu weich, aber das kleinste war perfekt, und sie schlief ein.

Als die Bewohner der Hütte, eine Bärenfamilie, zurückkehrten, bemerkten sie, dass ihr Brei gegessen und ihre Stühle verschoben worden waren. Sie gingen nach oben und fanden Lily im kleinsten Bett schlafend. Durch die Bären aufgeweckt, sprang sie aus dem Fenster und rannte nach Hause.

Die verwirrten Bären stellten die Stühle zurück und machten neuen Brei. Sie erinnerten sich immer daran, dass Menschen seltsame Wesen waren und man ihnen mit Brei nicht trauen konnte.

De tre bjørne

I et lille hus nær skoven boede en pige ved navn Lily med sin familie. En morgen sendte hendes mor hende ud for at samle brombær i skoven. Mens hun gik, snublede Lily over en hytte og besluttede sig for at se, om hun kunne finde mad og hvile der.

Inde i hytten fandt hun tre skåle havregrød og tre stole. Den største skål var for varm, og den mellemste var for kold. Den mindste skål var lige tilpas, så hun spiste det hele. Følelsen af træthed gik hun ovenpå og prøvede tre senge. Den første var for hård, den anden for blød, men den mindste var perfekt, og hun faldt i søvn.

Da hyttens beboere, en familie af bjørne, vendte tilbage, opdagede de, at deres havregrød var spist, og deres stole var flyttet. De gik ovenpå og fandt Lily sovende i den mindste seng. Forskrækket ved synet af bjørnene sprang hun ud af vinduet og løb hjem.

De forundrede bjørne flyttede stolene tilbage og lavede mere havregrød, men de huskede altid, at mennesker var sære skabninger, der ikke kunne stole på med havregrød.

Eine nette Freundschaft

In einem schönen Wald in Neuseeland lebte eine kleine Raupe namens Max mit seinem besten Freund Sam auf einem Ast. Sam war auch eine Raupe, hatte aber andere Vorlieben: Sam liebte Blätter, während Max lieber Insekten fraß.

Eines Tages fing Sam an, seltsam zu handeln und wurde steif. Max versuchte, ihn aufzuheitern, aber Sam schlief nur. Tage vergingen, und Sams Haut verhärtete sich wie eine Schale. Max blieb an seiner Seite und wartete.

Schließlich schlüpfte Sam als wunderschöner Schmetterling aus seiner Hülle. Er breitete seine Flügel aus und flog davon und Max fühlte sich allein und konnte ihm nicht folgen. Er rannte zur Spitze des Zweiges und fragte sich, ob sie jemals wieder zusammen spielen würden.

Als Max weinte, rief eine Stimme aus der Dunkelheit. Es war Sam, der zurückgekehrt war. Er erklärte, dass Max ein Glühwürmchen sei, das in der Nacht hell leuchtet. Andere Glühwürmchen in der Nähe wollten auch Freunde sein!

Max befürchtete, dass sie keine Freunde mehr sein könnten, aber Sam versicherte ihm, dass Freunde immer einen Weg finden. Von diesem Tag an spielten Max und Sam bei jedem Sonnenauf- und -untergang weiterhin zusammen und lachten gemeinsam wie immer.

En God Venskab

I en smuk New Zealand-skov boede en lille larve ved navn Max sammen med sin bedste ven, Sam. Sam var også en larve, men de havde forskellige smag; Sam elskede blade, mens Max foretrak insekter.

En dag begyndte Sam at opføre sig underligt og blev stiv. Max forsøgte at muntre ham op, men Sam sov bare. Dage gik, og Sams hud hærdede som en skal. Max blev ved hans side og ventede.

Til sidst dukkede Sam op fra sin skal som en smuk sommerfugl. Han spredte sine vinger og fløj væk, og efterlod Max ensom og ude af stand til at følge med. Han løb til tops på grenen og spekulerede på, om de nogensinde ville lege sammen igen.

Mens Max græd, lød en stemme i mørket. Det var Sam, der var vendt tilbage. Han forklarede, at Max var en glødorm, der lyste klart om natten. Andre glimorme i nærheden ville også gerne være venner!

Max bekymrede sig om, at de ikke længere kunne være venner, men Sam forsikrede ham om, at venner altid finder en måde. Fra den dag og ved hver solopgang og solnedgang fortsatte Max og Sam deres leg, og de lo sammen som de altid havde gjort.

Zuhause

An einem heißen Tag im Mai konnte die junge Myna nicht draußen spielen. Ihre Mutter schlug vor, ihr beim Kochen zu helfen. Myna liebte die Farben der Küche und fragte, ob sie sich selbst füttern könne. Trotz des Chaos machte es ihr Spaß. Sie begann, einem kleinen Raben namens Kakai ihr heruntergefallenes Reis zu füttern, und sie wurden Freunde.

Als Myna sieben Jahre alt war, änderte sich ihre Stadt, und die Leute zogen an Orte wie England und Kanada. Myna und ihre Mutter zogen nach London. Myna vermisste Kakai, ihr Zuhause und die Sterne. Eines Tages fand sie einen tamilisch sprechenden Raben in London, der eine Geschichte über einen Raben und einen Hirsch teilte, die zeigte, dass Freunde einander nie im Stich lassen.

Myna machte neue Freunde und verbesserte ihr Englisch, aber sie vermisste immer noch Kakai. Ihr Vater schloss sich ihnen in London an und sagte, dass sie es zu ihrem Zuhause machen müssten. Eines Nachts entdeckte sie, dass der Rabe in London tatsächlich Kakai war. Er sagte ihr, dass Zuhause kein Ort sei, sondern ein Gefühl von Zugehörigkeit und Liebe. Sie erkannte, dass sie zwei Heimaten unter demselben Himmel hatte.

Hjem

På en varm maj-dag kunne den unge Myna ikke lege udenfor. Hendes mor foreslog, at hun hjalp med at lave mad. Myna elskede farverne i køkkenet og spurgte, om hun kunne give sig selv mad. På trods af at hun lavede en masse rod, nød hun det. Hun begyndte at give en lille krage ved navn Kakai hendes tabte ris, og de blev venner.

Da Myna var syv år, ændrede hendes by sig, og folk flyttede til steder som England og Canada. Myna og hendes mor flyttede til London. Myna savnede Kakai, sit hjem og stjernerne. En dag fandt hun en tamilsproget krage i London, som delte en historie om en krage og en hjort, der viste, at venner aldrig forlader hinanden.

Myna lavede nye venner og forbedrede sit engelsk, men hun savnede stadig Kakai. Hendes far sluttede sig til dem i London og sagde, at de skulle gøre det til deres hjem. En nat opdagede hun, at kragen i London faktisk var Kakai. Han fortalte hende, at hjem ikke var et sted, men en følelse af tilhørsforhold og kærlighed. Hun indså, at hun havde to hjem under den samme himmel.

Das Schwert

Uther Pendragon beobachtete die Abfahrt der römischen Schiffe, seine Männer an seiner Seite. Sie feierten ihre neu gewonnene Freiheit und schworen, England zu schützen. Während Uther gegen Feinde kämpfte, machte er sich Sorgen um seinen Sohn Arthur und bat seinen besten Freund, ihn wie sein eigenes Kind aufzuziehen.

Abseits von Uther aufgewachsen, lernte Arthur, ein mutiger Krieger zu werden. Als Uther alterte und einen Nachfolger wählen musste, konsultierte er Merlin, seinen weisen Berater und Zauberer. Sie planten, das Schwert Excalibur zu verzaubern, sodass nur der rechtmäßige König es aus dem Amboss ziehen konnte.

Bei einem großen Turnier konnte kein Krieger das Schwert entfernen. Arthur hingegen zog es mühelos heraus, als er für seinen Freund Kay ein Schwert suchte. Merlin erklärte Arthur zum rechtmäßigen Erben und das Volk jubelte. Arthur wurde ein guter König und schützte sein Volk so wie sein Vater es getan hatte.

Sværdet

Uther Pendragon så på de romerske skibe forlade havnen, hans mænd ved hans side. De fejrede deres nyfundne frihed og svor at beskytte England. Mens Uther kæmpede mod fjender, bekymrede han sig om sin søn, Arthur, og bad sin bedste ven om at opdrage ham som sin egen.

Arthur voksede op væk fra Uther og lærte at blive en modig kriger. Da Uther blev ældre og skulle vælge sin efterfølger, rådførte han sig med Merlin, hans kloge rådgiver og troldmand. De udviklede en plan: Merlin ville fortrylle sværdet Excalibur, så kun den retmæssige konge kunne fjerne det fra en ambolt.

Ved en stor turnering kunne ingen kriger fjerne sværdet. Arthur trak det dog let ud, mens han prøvede at finde et sværd til sin ven Kay. Merlin erklærede Arthur for den retmæssige arving, og folket jublede. Arthur blev en god konge og beskyttede sit folk, ligesom hans far havde gjort.

Die Geschichte eines weisen alten Mannes

In einer bescheidenen Stadt lebte ein armer alter Mann, der ein wunderschönes weißes Pferd besaß. Jeder, der es sah, einschließlich benachbarter Könige, beneidete ihn und bot ihm Reichtümer für das Pferd an, aber der alte Mann lehnte ab.

"Für mich ist dieses Pferd ein Freund, nicht nur ein Tier. Wie kann ich einen Freund verkaufen?", sagte er.

Eines Tages verschwand das Pferd. Die Stadtbewohner verspotteten den alten Mann und behaupteten, er hätte das Pferd verkaufen sollen, bevor es gestohlen wurde. Der weise alte Mann antwortete: "Alles, was wir wissen, ist, dass das Pferd weg ist. Wir können nicht sagen, ob das gut oder schlecht ist."

Zwei Wochen später kehrte das Pferd mit einer Gruppe wilder Pferde zurück. Die Stadtbewohner änderten ihre Meinung und lobten das Glück des alten Mannes. Er erinnerte sie daran: "Wir können nicht vorhersagen, ob das gut oder schlecht ist. Das Leben kommt in Fragmenten."

Der Sohn des alten Mannes begann damit, die wilden Pferde zu zähmen, verletzte sich jedoch dabei am Bein und hinkte fortan. Die Stadtbewohner betrachteten es als Unglück, aber der alte Mann blieb neutral. Als Krieg ausbrach und alle jungen Männer eingezogen wurden, blieb der Sohn des alten Mannes aufgrund seiner Verletzung verschont.

Die Stadtbewohner trauerten um ihre Kinder, die in den Krieg zogen, und erkannten die Weisheit des alten Mannes an. Der alte Mann erinnerte sie daran: "Wir dürfen die Fragmentierung des Lebens nicht beurteilen. Das Beurteilen stoppt unser Wachstum."

Den kloge gamle mand

I en ydmyg by boede en fattig gammel mand, der ejede en smuk hvid hest. Alle, der så den, inklusiv nabokonger, misundte ham. De tilbød rigdomme for hesten, men den gamle mand afslog.

"For mig er denne hest en ven, ikke bare et dyr. Hvordan kan jeg sælge en ven?" sagde han.

En dag forsvandt hesten. Byboerne gjorde nar af den gamle mand og påstod, at han skulle have solgt hesten, før den blev stjålet. Den kloge gamle mand svarede: "Alt, hvad vi ved, er, at hesten er væk. Vi kan ikke sige, om det er godt eller dårligt."

To uger senere vendte hesten tilbage med en gruppe vilde heste. Byboerne skiftede mening og roste den gamle mands held. Han mindede dem om, at "Vi kan ikke forudsige, om dette er godt eller dårligt. Livet kommer i fragmenter."

Den gamle mands søn begyndte at tæmme de vilde heste, men kom til skade og fik en dårlig hofte. Byboerne betragtede det som en ulykke, men den gamle mand forblev neutral. Da krigen brød ud, og alle unge mænd blev indkaldt, blev den gamle mands søn skånet på grund af sin skade.

Byboerne sørgede over deres børns afgang og anerkendte den gamle mands visdom. Den gamle mand mindede dem om, at "Vi må ikke bedømme livets fragmenter. At bedømme stopper vores vækst."

Später!

Max war ein sorgloser Junge, der alles nach seiner eigenen Art tat. Er aß, spielte und schlief, wann er wollte. Wenn seine Mutter ihn bat, aufzuräumen oder zum Essen zu kommen, schrie er "Später!" und setzte seine Aktivitäten fort.

Eines Tages kam Max spät und müde nach dem Spielen mit seinen Freunden nach Hause. Seine Mutter bat ihn, das Durcheinander aufzuräumen, das er beim Naschen und Videospielen gemacht hatte. Verärgert schrie Max "Später!" und seine Mutter räumte für ihn auf.

Am nächsten Tag konfrontierte Max's Mutter ihn damit, dass er in der Schule betrogen hatte. Verärgert schrie Max "Später!" und stürmte in sein Zimmer. In dieser Nacht beschloss er, alles auf seine eigene Art und Weise zu tun, selbst wenn es bedeutete, zu betrügen.

Am folgenden Morgen fand Max sich allein im Haus wieder. Seine Mutter war nicht aufzufinden und auch seine Freunde waren verschwunden. Er zuckte mit den Schultern und ging weiter. Am nächsten Tag war Max immer noch allein und begann sich zu sorgen. Er suchte nach seiner Mutter und seinen Freunden, fand aber keine Spur von ihnen.

Max fühlte sich hoffnungslos und entschuldigte sich dafür, dass er alle weggezaubert hatte, und wünschte sich, dass alles wieder normal wäre. Am nächsten Morgen wachte er auf und fand seine Mutter zu Hause vor und alles war wieder normal. Als sie ihn bat, sich für die Schule bereit zu machen, wollte er fast sagen "Später!", hielt sich aber zurück und stimmte zu, es sofort zu tun.

Senere!

Max var en ubekymret dreng, der gjorde tingene på sin egen måde. Han spiste, legede og sov, når han ville. Når hans mor bad ham om at rydde op eller komme til aftensmaden, råbte han "senere!" og fortsatte med sine aktiviteter.

En dag kom Max hjem sent og træt efter at have leget med sine venner. Hans mor bad ham om at rydde op efter rodet han havde lavet mens han spiste og spillede videospil. Irriteret råbte Max "senere!" og hans mor ryddede op efter ham.

Næste dag konfronterede Max's mor ham om snyd i skolen. Oprørt råbte Max "senere!" og stormede afsted til sit værelse. Den nat besluttede han sig for at gøre alt på sin egen måde, selvom det betød at snyde.

Næste morgen befandt Max sig alene i huset. Hans mor var ingen steder at finde, og hverken hans venner var der. Han skød det fra sig og gik videre med sin dag. Næste dag, stadig alene, begyndte Max at blive bekymret. Han søgte efter sin mor og venner, men fandt intet spor af dem.

Følelsen af håbløshed fik Max til at undskylde for at have ønsket alle væk og ønsket, at tingene ville vende tilbage til det normale. Næste morgen vågnede han op og fandt sin mor hjemme og alt var tilbage, som det var. Da hun bad ham om at gøre sig klar til skolen, var han ved at sige "senere!", men stoppede sig selv og aftalte at gøre det med det samme.

Ein Vertrag mit dem Teufel

In York war ein Mann namens Edward von Magie und Alchemie fasziniert. Seine Studien führten ihn dazu, den Teufel zu beschwören, der ihm mächtige Magie anbot, im Austausch gegen Edwards Seele bei dessen Besuch in Rom. Edward stimmte zu, hatte jedoch heimlich keine Absicht, Rom zu besuchen.

Mit Hilfe des Teufels führte Edward magische Taten zum Wohl der Allgemeinheit aus, wurde berühmt und half sogar dem König. Der Teufel, der erwartet hatte, dass Edward seine Kräfte für das Böse nutzen würde, wurde ungeduldig, als Jahre vergingen, ohne dass Edward nach Rom ging.

Um Edwards Seele zu erlangen, entwickelte der Teufel einen Plan. Er verkleidete sich als Bauer und überredete Edward, ihm bei der Heilung seiner "kranken Mutter" in einer nahegelegenen Gaststätte namens Rom zu helfen. Beim Betreten offenbarte der Teufel die Täuschung und erklärte, dass die Bedingung des Vertrags erfüllt sei.

Vor Angst betete Edward intensiv und schwächte damit den Griff des Teufels. Im darauffolgenden Kampf fiel Edward versehentlich auf den Mond. Legende besagt, dass Edward dort oben bleibt und über sein Land und seine Menschen wacht.

En kontrakt med Djævlen

I York var en mand ved navn Edward fascineret af magi og alkymi. Hans studier førte ham til at kalde Djævlen frem, som tilbød at give ham kraftfuld magi i bytte for Edwards sjæl ved hans besøg i Rom. Edward accepterede, men havde hemmeligt ingen intention om at besøge Rom.

Med Djævlens hjælp udførte Edward magiske gerninger til gavn for samfundet, blev berømt og hjalp endda kongen. Djævlen, der forventede, at Edward ville bruge sin magt til ondskab, blev utålmodig, da årene gik uden at Edward tog til Rom.

For at kræve Edwards sjæl udformede Djævlen en plan. Han forklædte sig som en bonde og overbeviste Edward om at hjælpe med at helbrede sin "syge mor" på en nærliggende kro ved navn Rom. Da de trådte ind, afslørede Djævlen bedrageriet og erklærede, at kontraktens betingelse var opfyldt.

Bange bad Edward inderligt og svækkede Djævlens greb om ham. I den efterfølgende kamp tabte Djævlen ved et uheld Edward, som faldt ned på månen. Legenden siger, at Edward stadig er deroppe og passer på sit land og dets folk fra oven.

Eine Schöne Blüte

An einem dunklen, regnerischen Tag spazierte Sophie durch den Park in der Nähe ihres Hauses und träumte davon, England für einen aufregenderen Ort zu verlassen. Als sie sich den trostlosen Park ansah, bemerkte sie eine alte Dame namens Penelope, die zwischen den Bäumen hin und her ging und etwas verstecktes tat.

Neugierig näherte sich Sophie Penelope, die ihr eine atemberaubende Haarpracht aus Blumen zeigte. Penelope erklärte, dass sie ein traditionelles philippinisches Festival für die in Großbritannien ansässigen philippinischen Familien organisierte. Sie bat Sophie, ihr bei den Vorbereitungen zu helfen, da ihr Name, der "eine schöne Blüte" bedeutet, perfekt zu der Rolle passte.

Zusammen bereiteten sie das Festival vor, und bald kamen eine Gruppe bunt gekleideter Menschen an. Unter ihnen waren acht Frauen als Engel gekleidet, die jeweils etwas Schönes in der Welt repräsentierten. Das Festival war lebhaft, voller Singen und Tanzen, und Sophie fühlte sich Teil von etwas Besonderem.

Nachdem sie versprochen hatte, am nächsten Tag zurückzukehren, eilte Sophie nach Hause und teilte ihre Erfahrungen mit ihrer Mutter. Sie begann zu erkennen, dass England doch nicht so schlecht war, da es Heimat für Menschen aus der ganzen Welt war, die alle ihre einzigartigen Traditionen und Feiern mitbrachten.

En Skøn Blomst

En mørk, regnfuld dag gik Sophie gennem parken nær sit hjem og dagdrømte om at forlade England til fordel for et mere spændende sted. Mens hun kiggede rundt i den kedelige park, bemærkede hun en ældre dame, Penelope, der bevægede sig mellem træerne og tog sig af noget skjult.

Nysgerrig nærmede Sophie sig Penelope, der afslørede en fantastisk manke af hår lavet af blomster. Penelope forklarede, at hun organiserede en traditionel filippinsk festival for filippinske familier, der var bosat i Storbritannien. Hun bad Sophie om at hjælpe med forberedelserne, da hendes navn, der betyder "en skøn blomst," gjorde hende perfekt til rollen.

Sammen forberedte de sig til festivalen, og snart ankom en gruppe farverige mennesker. Blandt dem var otte kvinder klædt som engle, der hver repræsenterede noget smukt i verden. Festivalen var livlig, fuld af sang og dans, og Sophie følte sig som en del af noget særligt.

Efter at have lovet at vende tilbage næste dag skyndte Sophie sig hjem og delte sin oplevelse med sin mor. Hun begyndte at se, at England ikke var så dårligt trods alt, da det var hjemsted for mennesker fra hele verden, der hver især bragte deres unikke traditioner og fejringer.

Das Ende der Welt

Elijah war in unzähligen Geschichten der kluge Narr der Stadt. Eines Tages hatte er eine ausgewachsene Ziege und seine Nachbarn näherten sich ihm.

„Elijah, deine Ziege ist prall. Lass uns an den Flussufern gehen und ein Fest vorbereiten!"

„Ich bin mir nicht sicher", antwortete Elijah.

„Aber Elijah, weißt du nicht? Die Welt endet morgen!"

„Ach so? Na gut dann."

So brachten sie die Ziege an die Flussufer und Elijah schlachtete und bereitete sie zu. Während er arbeitete, beschlossen seine Freunde im Fluss zu schwimmen.

Nach einer Weile verbreitete sich der Duft des gekochten Fleisches durch die Luft. Die Freunde kamen aus dem Wasser.

„Elijah, das Essen riecht wunderbar, aber wo sind unsere Kleider?"

„Ich habe sie benutzt, um das Feuer anzufachen."

„Du hast unsere Kleider verbrannt, um die Ziege zu kochen!"

„Ja", sagte Elijah. „Warum sorgen? Die Welt endet morgen sowieso."

Verdens Ende

Elijah var kendt som byens kloge narr i utallige fortællinger i hele regionen. En dag havde han en fuldvoksen ged, og hans naboer gik hen til ham.

"Elijah, din ged er fyldig. Lad os gå ned til flodbredden og tilberede en fest!"

"Jeg er ikke sikker," svarede Elijah.

"Men Elijah, ved du ikke det? Verdenen ender i morgen!"

"Gør den det? Godt så."

Så tog de gedene ned til flodbredden, og Elijah slagtede og tilberedte den. Hans venner besluttede sig for at svømme i floden, mens han arbejdede.

Efter et stykke tid spredte duften af det tilberedte kød sig i luften. Vennerne steg op af vandet.

"Elijah, maden dufter fantastisk, men hvor er vores tøj?"

"Jeg brugte det til at tænde bålet."

"Du brændte vores tøj for at tilberede gedene!"

"Ja," sagde Elijah. "Hvorfor bekymre sig? Verdenen ender alligevel i morgen."

Eine Lange Schlaf

Es war einmal in einem fernen Königreich, in dem ein freundlicher König und eine Königin regierten. Ihnen fehlte nur ein Kind, um ihr Glück vollkommen zu machen. Im Frühling wurde ihr Wunsch erfüllt, als eine Tochter namens Lila geboren wurde. Das ganze Königreich feierte und bereitete sich auf die Taufe vor. Alle wichtigen Personen wurden eingeladen, darunter auch die guten Hexen.

Jedoch vergaßen sie, die böse Hexe Malvina einzuladen. Malvina wohnte in den Bergen und war dafür bekannt, die Bewohner der Stadt zu terrorisieren. Während der Taufe schenkten die guten Hexen Lila magische Gaben, wie Schönheit, Anmut und Freundlichkeit. Doch plötzlich erschien Malvina, wütend darüber, nicht eingeladen worden zu sein. Sie verfluchte Lila mit der Vorhersage, dass sie sich an einer Spindel stechen und für immer schlafen würde. Doch eine der guten Hexen milderte den Fluch und verwandelte den ewigen Schlaf in einen hundertjährigen Schlaf.

Um Lila zu schützen, verboten der König und die Königin alle scharfen Gegenstände im Königreich. Doch mit der Zeit geriet der Fluch in Vergessenheit. Eines Tages fand Lila einen versteckten Turm, in dem eine alte Frau Seide spann. Diese alte Frau war in Wirklichkeit Malvina in Verkleidung. Neugierig bat Lila darum, auch einmal zu spinnen, und stach sich dabei an der Spindel. Der Fluch wurde wahr, und Lila fiel in einen tiefen Schlaf, genauso wie alle im Schloss.

Jahre vergingen, und das Schloss wurde von dichtem Gestrüpp verborgen. Eines Tages hörte ein Prinz namens Damien von der schlafenden Prinzessin und wagte sich in den dichten Wald. Er fand das Schloss, stieg zum Turm hinauf und fand die schlafende Lila.

Beeindruckt von ihrer Schönheit, küsste er sie und brach so den Fluch. Das gesamte Schloss erwachte, und der König und die Königin waren Prinz Damien zutiefst dankbar. Lila und Damien verliebten sich ineinander, und alle lebten glücklich und zufrieden bis an ihr Lebensende.

En Lang Søvn

Engang for længe siden i et fjernt kongerige regerede en god konge og dronning. Det eneste, der manglede i deres lykke, var et barn. En forårsdag gik deres ønske i opfyldelse, og en lille pige ved navn Lila blev født. Kongeriget fejrede det med forberedelser til hendes dåb. Enhver betydningsfuld person blev inviteret, herunder de gode hekse.

Men de glemte at invitere den onde heks, Malvina. Malvina boede i bjergene og var kendt for at skræmme byens beboere. Under dåben forærede de gode hekse Lila magiske gaver, såsom skønhed, ynde og venlighed. Pludselig dukkede Malvina op, rasende over at være blevet udelukket. Hun forbandt Lila og sikrede, at hun ville stikke fingeren og sove for evigt. En god heks mildnede forbandelsen og ændrede den til et hundredeårigt søvn.

Kongen og dronningen forbød skarpe genstande for at beskytte Lila. Som tiden gik, blev forbandelsen glemt. En dag opdagede Lila et skjult tårn, hvor en gammel kvinde spandt silke. Kvinden var Malvina i forklædning. Lila bad om at prøve at spinde, og da hun gjorde det, stak hun sig på fingeren. Forbandelsen blev virkelighed, og Lila faldt i en dyb søvn. Hele paladset sov også.

Årene gik, og paladset blev skjult af overvækst. En dag hørte en prins ved navn Damien historier om en sovende prinsesse og begav sig ud i skoven. Han opdagede paladset og klatrede op ad tårnet, hvor Lila sov.

Overvældet af hendes skønhed kyssede han hende og brød forbandelsen. Hele paladset vågnede, og kongen og dronningen takkede Prins Damien. Lila og Damien forelskede sig, og alle levede lykkeligt til deres dages ende.

Gemeinsam wachsen

Tage nach meinem Kampf in der Schule nahm mich Opa mit in seinen Garten. Wir gingen schweigend, während ich einen großen Korb voller Werkzeuge, Essen und einem leeren Glas trug.

Opas Garten war im Vergleich zu den farbenfrohen Beeten um ihn herum ein lebloser Quadrat. Jean, der uns ständig aufzog, schlug vor, dass Opa einfachere Pflanzen anbauen solle. Doch Opa antwortete nur: "Einfachere Pflanzen... Was denn für welche?"

Wir ignorierten unseren Nachbarn und arbeiteten weiter im Garten. Wir lockerten den Boden und sammelten Schnecken. Im Laufe der Zeit fand ich Frieden in unserer täglichen Routine, trotz meiner Schwierigkeiten in der Schule.

Eines Tages entdeckten wir, dass über Nacht eine bemerkenswerte Pflanze gewachsen war. Opa nannte sie ein "Was". Sie war unglaublich lebendig mit federnartigen Blättern und riesigen Blättern, die an ihrem Stiel hingen. Es schien, als würde sie versuchen, davonzuschweben.

Opa band Seile um den Korb und den Stiel des Was. Er drängte mich in den Korb und schnitt den Stiel ab. Das Was hob uns in den Himmel. Wir flogen hoch über die Landschaft, die Flüsse und Felder, die sich weit und breit erstreckten.

Opa erklärte, dass Abstand zu Problemen Perspektive bringt. Mir wurde klar, dass meine Probleme in der Schule nicht unüberwindbar waren. Opa schlug vor, dass wir Schnecken auf die Kinder unten fallen lassen sollten, wie er es während des Krieges getan hatte.

Als ich fragte, wie wir wieder runterkommen würden, sagte Opa, dass wir eine Weile schweben würden und unseren Weg nach Hause finden würden. Ich umarmte ihn und war dankbar für seine Lektion und die Zeit, die wir zusammen verbracht hatten.

Voksende Sammen

Dage efter min kamp i skolen tog min bedstefar mig med til sin have. Det var en stille gåtur, og jeg bar en stor kurv fyldt med værktøj, mad og et tomt glas.

Bedstefars have var en livløs firkant i forhold til de farverige bede omkring den. Jean, den drilagtige nabo, foreslog, at bedstefar skulle dyrke lettere afgrøder. Bedstefar svarede: "Dyrke hvad?"

Ignorerende vores nabo fortsatte bedstefar og jeg med at arbejde i haven, vende jorden og samle snegle. Med tiden fandt jeg fred i vores daglige rutine, til trods for mine problemer i skolen.

En dag opdagede vi, at en bemærkelsesværdig plante var vokset over natten. Bedstefar kaldte den for "Hvad". Den var utrolig livlig med blade som fjer og enorme blade hængende fra dens stilk. Det virkede som om, den prøvede at flyve væk.

Bedstefar bandt reb rundt om kurven og Hvadets stilk. Han opfordrede mig til at kravle op i kurven og klippede Hvadets stilk. Hvad løftede os op i himlen. Vi fløj højt over landskabet, med floder og marker, der strakte sig langt og bredt.

Bedstefar forklarede, at afstand fra problemer giver perspektiv. Jeg indså, at mine skoleproblemer ikke var uovervindelige. Bedstefar foreslog, at vi skulle slippe snegle ned over børnene nedenfor som en joke, lige som han gjorde under krigen.

Da jeg spurgte, hvordan vi skulle komme ned, sagde bedstefar, at vi ville flyde i et stykke tid og finde vej hjem. Jeg krammede ham og følte mig taknemmelig for hans lektion og den tid, vi havde brugt sammen.

Schuhe aus Glas

Ashley, auch Ash genannt, lebte mit ihrer Stiefmutter und Stiefschwestern, die feine Kleider trugen, während sie selbst nur Lumpen hatte. Sie war freundlich, im Gegensatz zu ihren egoistischen Stiefschwestern.

Eines Tages kam eine Einladung zu einem königlichen Ball. Ashs Stiefmutter verbot ihr, daran teilzunehmen. Traurig besuchte Ash ihre Fee, die ihre Kleider verwandelte, einen Kürbis in eine Kutsche verwandelte und ihr Schuhe aus Glas gab.

Auf dem Ball bewunderte der Prinz Ashs Freundlichkeit. Sie tanzten, bis Mitternacht nahte, was Ash dazu veranlasste, zu fliehen und einen Schuh aus Glas zurückzulassen. Der Prinz versuchte, den Schuh an jedem Mädchen auszuprobieren, bis er schließlich zu Ash passte.

Das Paar heiratete und alle genossen die Hochzeit, außer Ashs Stiefmutter und Stiefschwestern. Ash und der Prinz lebten glücklich bis ans Ende ihrer Tage.

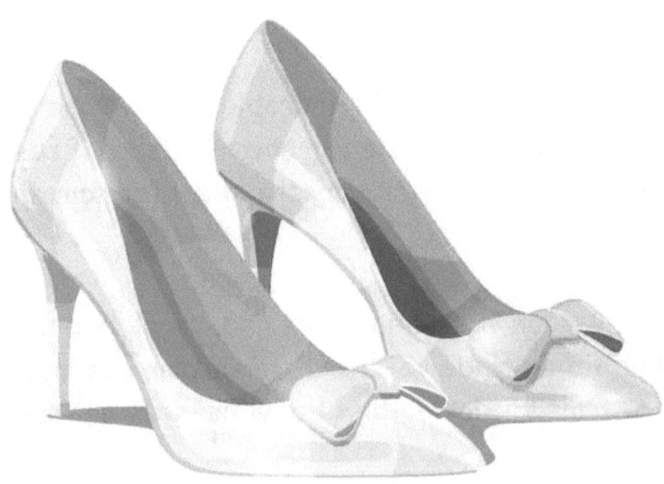

Sko Lavet af Glas

Ashley, kaldet Ash, boede sammen med sin stedmor og stedsøstre, som bar fine tøj, mens hun selv bar klude. Hun var venlig, i modsætning til sine selvoptagne stedsøstre.

En dag ankom en invitation til et kongeligt bal. Ash's stedmor forbød hende at deltage. Følelsen af tristhed blev afbrudt, da hendes fe-gudmor dukkede op. Gudmoren forvandlede Ash's tøj, forvandlede en græskar til en vogn og gav hende sko af glas.

Til balsfesten beundrede prinsen Ash's venlighed. De dansede indtil midnat nærmede sig, hvilket fik Ash til at flygte og efterlade en glas-sko. Prinsen prøvede skoen på hver pige, indtil han fandt ud af, at den passede Ash.

Parret giftede sig, og alle nød brylluppet undtagen Ash's stedmor og stedsøstre. Ash og prinsen levede lykkeligt til deres dages ende.

Ameise und Elefant

Talik ist ein Spiel, bei dem ein Team einen Token in der Hand eines Spielers unter einem Tuch versteckt und das andere Team erraten muss, wo er ist.

Ameise und Elefant waren gute Freunde und liebten es zusammen zu spielen. Elefants strenger Vater war jedoch dagegen, dass sie spielten, wenn Arbeit zu erledigen war oder wenn Elefant bei seinen eigenen Leuten sein sollte.

Elefant fürchtete sich vor dem Zorn seines Vaters, aber Ameise war mutig und hatte keine Angst vor dem grummeligen Elternteil.

Eines Tages, als sie Talik spielten, hörten sie Elefants wütenden Vater kommen. Die Erde bebte, und Bäume bewegten sich.

"Mein Vater kommt!" rief Elefant erschrocken aus. "Was soll ich tun?"

Ameise stand selbstbewusst da. "Keine Sorge, mein Freund, versteck dich hinter mir, und dein Vater wird dich nicht finden!"

Myre og Elefant

Talik er et spil, hvor det ene hold gemmer en token i en spillers hånd under et klæde, og det andet hold skal gætte, hvor det er.

Myre og Elefant var gode venner og elskede at lege sammen. Men Elefants strenge far var imod dem, når der var arbejde at gøre eller når Elefant skulle være sammen med sine egne artsfæller.

Elefant var bange for sin fars vrede, men Myre var modig og ikke bange for den sure forælder.

En dag, mens de legede Talik, hørte de Elefants vrede far komme. Jorden rystede, og træerne bevægede sig.

"Min far kommer!" udbrød Elefant, skrækslagen. "Hvad skal jeg gøre?"

Myre stod selvsikkert højt. "Bare rolig, min ven, gem dig bag mig, så vil din far ikke finde dig!"

Eine neue Anfang

Die junge Leila verließ ihr Zuhause in Teheran, um bei ihren Cousins in London zu leben. Obwohl sie ihre Eltern nicht verlassen wollte, versicherte ihr ihre Mutter, dass sie ein großartiges neues Leben haben und in England neue Freunde finden würde.

Bei ihrer Ankunft fand Leila London anders als erwartet. Sie fühlte sich wie ein Außenseiter und unterschied sich stark von anderen Menschen. Das Wetter war schlecht, und die Leute starrten sie an.

In ihrer neuen Schule fühlte sich Leila allein und unwillkommen. Viele ihrer Klassenkameraden hatten hellere Haare und Augen und wollten keine Freundschaft mit ihr schließen. Aber eines Tages bot ihr ein Junge namens Tom seinen Milchshake an und freundete sich mit ihr an, obwohl er selbst ein Außenseiter war.

Leila und Tom hatten eine tolle Zeit beim Spielen und Geschichten teilen. Bald schlossen sich andere Kinder an und begannen, Leila über ihr Leben in Teheran zu fragen. Als sie alle lachten und voneinander lernten, erkannte Leila, dass Anderssein schön ist.

Mit neugewonnenem Selbstvertrauen umarmte Leila ihr Leben in London und freute sich darauf, ihre Eltern stolz zu machen, wenn sie sich ihr anschlossen.

En Ny Begyndelse

Den unge Leila forlod sit hjem i Tehran for at bo hos sine fætre og kusiner i London. Selvom hun ikke ønskede at forlade sine forældre, forsikrede hendes mor hende om, at hun ville få et fantastisk nyt liv og skabe nye venskaber i England.

Ved ankomsten fandt Leila ud af, at London var anderledes end hendes forventninger. Hun følte sig som en outsider og meget forskellig fra andre mennesker. Vejret var dårligt, og folk stirrede på hende.

På sin nye skole følte Leila sig alene og uvelkommen. Mange af hendes klassekammerater havde lysere hår og øjne og ønskede ikke at blive venner med hende. Men en dag tilbød en dreng ved navn Tom hende sin milkshake og blev ven med hende, selvom han selv var en outsider.

Leila og Tom havde det sjovt med at lege og dele historier. Snart sluttede andre børn sig til og begyndte at spørge Leila om hendes liv i Tehran. Mens de alle grinede og lærte af hinanden, indså Leila, at det at være anderledes er smukt.

Med nyfundet selvtillid omfavnede Leila sit liv i London og glædede sig til at gøre sine forældre stolte, når de sluttede sig til hende.

Die Neugierige Leserin

Arjun hatte wenig Besitztümer: einige Kleider, abgenutzte Schuhe, Stifte und ein altes Buch. Im Jahr 2042 waren Bücher eine Rarität. Arjuns Familie war arm, deshalb hatte er nicht die Sachen wie seine Klassenkameraden, die ihn als seltsam empfanden.

Arjuns Buch war seine Flucht. Er benutzte es als Notizbuch, schrieb seine Gedanken und die Kontaktinformationen seiner Freunde auf. Das Buch war auf Bengalisch geschrieben, das er sprechen, aber nicht lesen konnte. Arjuns Familie war nach Überschwemmungen in Bangladesch nach Großbritannien gezogen, und er wuchs in einem bescheidenen Zuhause auf.

Eines Tages fiel das Internet aus und hinterließ Chaos. Die Menschen waren darauf angewiesen und jetzt funktionierte nichts mehr. Arjuns Buch wurde wertvoll, da es Namen, Adressen und Spielideen enthielt. Er und seine Freunde erkundeten eine staubige alte Bibliothek, in der sie lasen und spielten.

Arjun entdeckte eine englische Version seines Buches namens Matilda und lernte, Bengalisch zu lesen, indem er die beiden verglich. Als das Internet wiederhergestellt wurde, verließen alle die Bibliothek, außer Arjun. Er blieb zurück, begierig darauf, mehr Bücher und Geschichten zu entdecken.

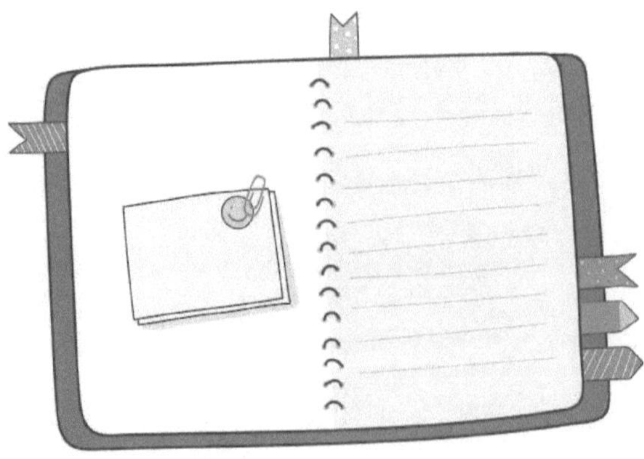

Den Nysgerrige Læser

Arjun havde lidt til hans navn: nogle tøj, slidte sko, penne og en gammel bog. I 2042 var bøger en sjældenhed. Arjuns familie var fattig, så han havde ikke ting som hans klassekammerater, som fandt ham underlig.

Arjuns bog var hans flugtvej. Han brugte den som en notesbog, hvor han skrev sine tanker og kontaktoplysninger på venner. Bogen var skrevet på bengali, som han kunne tale, men ikke læse. Arjuns familie var flyttet til Storbritannien efter oversvømmelser i Bangladesh, og han voksede op i et beskedent hjem.

En dag crashede internettet og efterlod alle i kaos. De stolede på det til alt, og nu fungerede intet. Arjuns bog blev værdifuld, da den indeholdt navne, adresser og spil-ideer. Han og hans venner udforskede et støvet gammelt bibliotek, hvor de læste og legede.

Arjun opdagede en engelsk version af sin bog kaldet "Matilda" og lærte at læse bengali ved at sammenligne de to versioner. Da internettet blev genoprettet, forlod alle biblioteket undtagen Arjun. Han blev og var ivrig efter at udforske flere bøger og historier.

Zwei unterschiedliche Brüder

In einer abgelegenen Stadt lebten zwei Brüder namens Ben und Jack. Jack war freundlich und arbeitete hart und leitete die Familienfarm, während Ben faul war und zwischen verschiedenen Jobs wechselte, bevor er die Tochter einer wohlhabenden Witwe heiratete.

Trotz Jacks harter Arbeit schlug das Unglück zu. Seine Ernte fiel aus, seine Frau wurde krank, und vier Kinder erkrankten an Gelbfieber. Verzweifelt bat er Ben um Geld, den dieser unter der Bedingung eines höheren Zinssatzes lieh. Jacks Situation verschlechterte sich, er verlor die Farm an Ben und zog mit seiner Familie in ein kleines Haus am Rande der Stadt. Sie lebten in Armut, während Ben reicher wurde.

Eines Tages besuchte Jack die Hochzeit von Bens Tochter und bat seinen Bruder um Hilfe. Ben warf ihm einen kaum fleischigen Knochen zu. Wütend warf Jack den Knochen versehentlich in den Fluss und fing dabei den Geist der Armut ein. Mit Armut verschwunden, verbesserte sich ihr Glück.

Als Jacks Glück sich besserte, wurde Ben eifersüchtig und forderte ihn auf, das Geheimnis zu enthüllen. Jack erzählte ihm die Geschichte, wie er den Geist der Armut eingefangen hatte. Ben fand den Knochen, um Jack Unglück zu bringen, und entließ dabei die Armut, die nun an ihm klebte. Bens Leben geriet in eine Abwärtsspirale, und er starb schließlich, was seine Familie von den Fesseln der Armut befreite.

Jack und seine Familie genossen ein langes und wohlhabendes Leben voller Liebe und Freude.

To Different Brødre

I en fjern by levede to brødre, Ben og Jack. Jack var venlig og hårdtarbejdende og styrede familiens gård, mens Ben var doven og skiftede mellem forskellige job, indtil han giftede sig med en rig enkes datter.

Trods Jacks hårde arbejde ramte uheldet. Hans afgrøder slog fejl, hans kone blev syg, og fire børn fik gulsot. I desperation bad han Ben om penge, som Ben lånte ud, men kun under betingelse af at han skulle betale endnu mere tilbage. Jacks situation forværredes, og han mistede gården til Ben og flyttede sin familie til et lille hus i udkanten af byen. De levede i fattigdom, mens Ben blev rigere.

En dag deltog Jack i Bens datters bryllup og bad sin bror om hjælp. Ben kastede ham en knap så kødfuld knogle. Jack smed vredt knoglen i floden uden at vide, at han dermed fangede Fattigdommens ånd. Med Fattigdommen væk blev deres held bedre.

Mens Jacks lykke forbedredes, blev Ben jaloux og krævede at kende hemmeligheden. Jack afslørede historien om, hvordan han havde fanget Fattigdommen. Ben, der håbede at bringe uheld til Jack, fandt knoglen og frigav Fattigdommen, som nu klæbede til ham. Bens liv gik i opløsning, og han døde til sidst og frigav sin familie fra Fattigdommens greb.

Jack og hans familie levede et langt og velstående liv fyldt med kærlighed og latter.

Die weise alte Dame

In einem Königreich mit einer lieblichen Königin lebte eine weise alte Dame mit ihren vier streitsüchtigen Söhnen und ihren boshaften Frauen. Sie lebten zusammen, aber hatten aufgrund ständiger Streitereien getrennte Küchen. Die alte Dame sehnte sich danach, dass ihre Familie in Einheit und Glück leben würde, daher drohte sie, sie zu vertreiben, wenn sie sich nicht ändern würden. Sie bestand auch darauf, dass sie eine Küche teilen, in der Hoffnung, dass dies sie näher zusammenbringen würde.

Die Söhne gaben ihrer Mutter ihr tägliches Einkommen, da sie arm waren. Eines Tages fand der jüngste Sohn keine Arbeit und brachte eine tote Schlange mit nach Hause. Die Mutter warf sie auf ihr Dach. Inzwischen verlor die Königin ihre Diamantkette an einen Adler, der die Kette später für die Schlange auf dem Dach eintauschte. Die alte Dame entdeckte die Kette und wusste, dass die Königin sie zurückhaben wollte.

Mit dem bevorstehenden Diwali-Fest plante die alte Dame etwas. Sie gab die Kette der Königin zurück, die eine Belohnung anbot, aber die alte Dame bat nur darum, dass ihr Haus für Diwali beleuchtet wird. Die Königin stimmte zu, und in der Diwali-Nacht besuchte die Göttin des Reichtums das wunderschön beleuchtete Haus. Beeindruckt gewährte die Göttin der Familie ihren Wunsch, bei ihnen zu leben, aber nur, wenn sie vereint blieben.

Die Familie stimmte zu, und seitdem lebten sie harmonisch, und der Traum der alten Dame von einem friedlichen Familienleben wurde wahr, als die Göttin des Reichtums ihr Haus segnete.

Den vise gamle dame

I et kongerige med en dejlig dronning boede en vis gammel dame sammen med sine fire uvenlige sønner og deres spidse koner. De boede sammen, men havde separate køkkener på grund af konstante skænderier. Den gamle dame ønskede, at hendes familie skulle leve i enhed og lykke, så hun truede med at smide dem ud, hvis de ikke ændrede sig. Hun insisterede også på, at de skulle dele et køkken, i håb om at det ville bringe dem tættere sammen.

Sønnerne gav deres mor deres daglige indtjening, da de var fattige. En dag fandt den yngste søn intet arbejde og bragte en død slange hjem. Moderen kastede den på deres tag. Imidlertid mistede dronningen sit diamant halskæde til en ørn, som senere byttede halskæden til slangen på taget. Den gamle dame opdagede halskæden og vidste, at dronningen ønskede det tilbage.

Med den kommende Diwali-festival udarbejdede den gamle dame en plan. Hun returnerede halskæden til dronningen, som tilbød en belønning, men den gamle dame bad om, at hendes hus skulle blive oplyst til Diwali. Dronningen accepterede, og på Diwali-aftenen besøgte rigdommens gudinde det smukt oplyste hus. Imponeret gav gudinden familien tilladelse til at bo sammen, men kun hvis de forblev forenede.

Familien accepterede, og fra da af levede de harmonisk, og den gamle dames drøm om et fredeligt familieliv gik i opfyldelse med rigdommens gudinde, der velsignede deres hjem.

Geschichte des Honigtropfens

Es war einmal ein Waldarbeiter und sein Hund, die in den kargen Hügeln eine Höhle entdeckten. In der Höhle fanden sie eine Nische, die mit exquisitem, transparentem Honig gefüllt war. Der Waldarbeiter füllte seine Flasche mit Honig und stieg die Hügel hinunter, wo er sich an einem fremden Ort befand.

In einer nahe gelegenen Stadt traf er auf einen Händler, der Öl verkaufte. Er bot seinen Honig an, vielleicht im Austausch gegen etwas Öl. Der Händler war interessiert. Als der Händler den Honig kostete, fiel ein einziger Tropfen auf den Boden.

Fliegen sammelten sich um den Honig und lockten Vögel an, die sich von ihnen ernährten. Eine Katze, die dem Händler gehörte, sprang auf einen Vogel und tötete ihn. Der Hund des Waldarbeiters tötete dann die Katze.

Außer sich vor Wut trat der Händler den Hund mit einem mächtigen Tritt tot. Der Waldarbeiter, zornig, erstach den Händler. Umstehende eilten herbei und töteten den Waldarbeiter.

Die Nachricht von seinem Tod erreichte seine Heimatstadt. Seine Stadt rächte sich und tötete viele in der fremden Stadt.

Der fremde König erklärte Krieg, und ein großer Konflikt entbrannte.

Jahre des Krieges und der Feindseligkeit zwischen den Ländern folgten, alles wegen eines Tropfens Honig.

Den Honninghistorie

Der var engang en historie, som blev delt, og nu deler jeg den med dig... historien om honningdråben.

En skovhugger og hans hund fandt en hule i de øde bjerge. Inde i hulen fandt de en niche fyldt med udsøgt, gennemsigtig honning. Skovhuggeren fyldte sin flaske med honning og begav sig ned ad bjerget, hvor han befandt sig et fremmed sted.

I en nærliggende by stødte han på en købmand, der solgte olie. Han tilbød sin honning i bytte for noget olie. Købmanden blev nysgerrig og smagte på honningen, og en enkelt dråbe faldt til jorden.

Fluer samledes om honningen og tiltrak fugle, som fodrede på dem. En kat, der tilhørte købmanden, kastede sig over en fugl og dræbte den. Skovhuggerens hund dræbte herefter katten.

Rasende sparkede købmanden hunden ihjel. Skovhuggeren, der var rasende, stak købmanden ned. Tilskuere strømmede til og dræbte skovhuggeren.

Nyhed om hans død nåede hans hjemland. Hans by hævnede ham ved at dræbe mange i den fremmede by.

Den fremmede konge erklærede krig, og en stor konflikt fulgte.

År med krig og fjendtlighed mellem landene fulgte, alt på grund af en dråbe honning.

Der Wolf und die Reiherin

In einem Wald lebten ein Wolf und eine Reiherin zusammen. Eines Tages lud der Wolf die Reiherin zum Mittagessen ein. "Komm morgen um zwölf Uhr", sagte er.

Die Reiherin besuchte den Wolf am nächsten Tag erfreut. Der Wolf bereitete einen leckeren Eintopf zu und servierte ihn auf einem flachen Teller. Die Reiherin konnte aufgrund ihres langen Schnabels und des flachen Tellers nicht essen.

"Oh, wie schade!", sagte der Wolf und beendete den Eintopf selbst.

Die hungrige Reiherin, die dem Wolf eine Lektion erteilen wollte, lud ihn zu einem Mittagessen zu sich nach Hause ein. Sie bereitete eine leckere Suppe zu und servierte sie in einem langhalsigen Krug.

Der Wolf konnte die Suppe nicht trinken, während die Reiherin sie mühelos mit ihrem Schnabel schlürfte.

"Gleiches Recht für alle!", rief die Reiherin.

Besiegt ging der Wolf nach Hause, mit eingezogenem Schwanz.

Ulven og hejren

I en skov levede en ulv og en hejre sammen. En dag inviterede ulven hejren til frokost. "Kom venligst i morgen klokken tolv," sagde han.

Hejren, glad, besøgte ulvens hule den næste dag. Ulven lavede en lækker gryderet, serveret på en flad tallerken. Hejren kunne ikke spise på grund af sin lange næb og den flade tallerken.

"Ai, hvor ærgerligt!" sagde ulven og spiste gryderetten selv.

Den sultne hejre, der ønskede at lære ulven en lektion, inviterede ham til frokost i hendes hjem. Hun lavede en dejlig suppe, serveret i et langhalset krukke.

Ulven kunne ikke drikke suppen, mens hejren let drak den med sin næb.

"Fair er fair!" udbrød hejren.

Besejret gik ulven hjem med halen mellem benene.

Das verzauberte Gans

Einmal lebte in einer kleinen Stadt ein junger Junge namens Lukas, der in der Werkstatt eines Schusters als Lehrling arbeitete und kaum über die Runden kam. Am Abend lauschte Lukas den Geschichten der Stadtbewohner in der örtlichen Taverne. Er träumte von Abenteuern und Reichtum. Eines Abends hörte er ein Gespräch über eine goldene Gans, die im Keller eines alten Schlosses versteckt war.

Neugierig und entschlossen, machte sich Lukas auf den Weg zum Schloss und fand den Eingang zum Keller. Es war dunkel und nass, aber er setzte seinen Weg fort. Nach Stunden der Suche entdeckte er einen Raum mit einem gewölbten Decke und einem blauen See, in dem die goldene Gans schwamm.

"Hallo, Lukas", sagte sie. "Da du mich gefunden hast, wirst du belohnt. Nimm diesen Beutel mit hundert Goldmünzen. Gib es alles heute aus, ohne es zu teilen, oder du wirst für immer arm sein."

Lukas nahm den Beutel freudig entgegen und verließ den Keller. Die Gänge waren jetzt heller und er erreichte schnell die Oberfläche. Aufgeregt kaufte er feine Kleidung, speiste in einem edlen Restaurant und kaufte ein prächtiges Pferd. Am Abend ging er ins Theater, aber seine Geldbörse blieb halb voll.

Als die Nacht hereinbrach, näherte sich ihm ein alter Bettler in zerschlissener Soldatenkleidung um Hilfe. Lukas zögerte, gab dem Bettler dann aber eine Handvoll Goldmünzen.

Plötzlich erschien ein helles Licht und die goldene Gans sprach: "Du hast meine Bedingungen nicht erfüllt! Du wirst für immer ein armer Schuster sein!"

Lukas lächelte den dankbaren alten Mann an. "Das ist in Ordnung", sagte er. "Wahrhaftiges Glück kommt vom Teilen, nicht vom Horten von Reichtum."

Den fortryllede gås

Engang levede en ung dreng ved navn Lukas i en lille by. Han var skomagersvend og kunne knap få enderne til at mødes. Om aftenen lyttede Lukas til byens beboeres historier på den lokale kro. Han drømte om eventyr og rigdom. En aften overhørte han en samtale om en gylden gås, der var skjult i kælderen på et gammelt slot.

Nysgerrig og beslutsom begav Lukas sig af sted til slottet og fandt indgangen til kælderen. Det var mørkt og vådt, men han fortsatte alligevel. Efter timer med søgen opdagede han et rum med hvælvet loft og en blå sø, hvor den gyldne gås svømmede.

"Hej, Lukas," sagde den. "Som du har fundet mig, vil du blive belønnet. Tag denne pose med hundrede guldmønter. Brug dem alle sammen i dag, uden at dele med andre, eller du vil være fattig for evigt."

Lukas tog ivrigt posen og forlod rummet. Gangene var nu lysere, og han nåede overfladen hurtigt. Han købte fine tøj, spiste i en fancy restaurant og købte en fantastisk hest. Om aftenen gik han i teatret, men hans pung var stadig halvfuld.

Da natten faldt på, kom en gammel tigger i tøj fra en soldat til Lukas og bad om hjælp. Lukas tøvede, men gav så tiggeren en håndfuld guldmønter.

Pludselig opstod et skarpt lys, og den gyldne gås talte: "Du overholdt ikke mine betingelser! Du vil være en fattig skomager for evigt!"

Lukas smilede til den taknemmelige gamle mand. "Det er fint," sagde han. "Sandelig lykke kommer fra at dele, ikke fra at hamstre rigdom."

Zeitfracht Medien GmbH
Ferdinand-Jühlke-Straße 7
99095 Erfurt, Deutschland
produktsicherheit@kolibri360.de